读客这本史书真好看文库

轻松有趣，扎实有力

诸葛亮的计，是精确计算的计

不是靠奇谋诡计，而是靠精确计算世道人心、敌我实力、天时地利！

秦涛 著

河南文艺出版社
·郑州·

图书在版编目（CIP）数据

诸葛亮的计，是精确计算的计 / 秦涛著． -- 郑州：河南文艺出版社，2022.10

ISBN 978-7-5559-1411-2

Ⅰ．①诸… Ⅱ．①秦… Ⅲ．①诸葛亮（181-234）-传记 Ⅳ．① K827=362

中国版本图书馆 CIP 数据核字 (2022) 第 141069 号

诸葛亮的计，是精确计算的计

著　　者　秦　涛
策　　划　读客文化　021-33608320
版　　权　读客文化
责任编辑　丁晓花
特约编辑　乔佳晨　周诗佳
责任校对　李亚楠　杨长春
封面设计　王　晓
封面绘画　周　末
出版发行　河南文艺出版社
印　　刷　三河市龙大印装有限公司
开　　本　710mm × 1000mm　1/16
印　　张　17
字　　数　224 千
版　　次　2022 年 10 月第 1 版　2022 年 10 月第 1 次印刷
定　　价　49.90 元

如有印刷、装订质量问题，请致电 010-87681002（免费更换，邮寄到付）

目 录

序章

三国谋士的八重境界

汉末有个杨修，智商奇高。有多高呢？有一次曹操和杨修路过曹娥碑，碑上有汉末文豪蔡邕留下的一则谜语。曹操读了，不得其解，问杨修：“你猜到了吗？”杨修嘴角上翘：“当然。答案是……”曹操急止之：“先别剧透，让我想想。”两人并马而行三十里后，曹操说：“我猜到了。我们来对答案吧。”一对之下，谜底乃“绝妙好辞”四个字。谁说智商不能量化？杨修之才，就比曹操快了三十里。曹操先后出了很多谜语，比如“阔”，比如“一人一口酥”。往往曹操的谜面还没说完，杨修的谜底就脱口而出。终于，杨修又一次自作聪明，在“鸡肋”事件之后，曹操忍无可忍，觉得不杀此人，将来难以享受制谜之乐趣，于是罗织了一堆罪名，把杨修杀了。杨修临死前，最后炫了一把才智：“我早猜到有这天，久等了！”

这是杨修的才智。杨修脱口而出谜底的时候，他哪里知道，那群做挠头猜谜状的谋士里面，起码有一半人都已猜到谜底，只是不忍拂扰魏王的雅兴而已。

要不然，才智如此高的杨修，为什么在政治斗争中，连区区吴质都斗不过呢？

吴质是“太子四友”之一，是曹丕争夺太子位的主要智囊。曹丕、曹植夺嫡，曹丕居于深宫，左右乏人。他常常派车载一大竹箱，满盛布匹，拉入宫中。吴质就躲在布匹之下、竹箱之内。杨修发现了这个秘密，向曹操打小报告。曹丕得知秘密泄露后，问吴质：“怎么办？”吴质轻描淡写：“简单。明天真的拉一车布进宫便是。”结果次日曹操派来的安检员翻遍竹箱，别无异物。杨修的小报告，在曹操眼中自然成了诋毁对手的卑劣行径。

还有一次，曹操出征。曹植发挥绝世文才，写了一篇雄文，在阵前诵读以赠别。三军将士听完，都忍不住喝彩。曹丕说：“我没准备，咋办？”吴质轻描淡写：“简单。你哭。”于是曹丕泪水夺眶而出，拜倒在地。演技之真诚，令三军为之踌躇，天地为之低回，曹操亦是唏嘘不已。曹丕的“真诚”再一次击败了曹植的浮夸。

这是吴质的水准。但吴质也不完美，他还有两个缺点。

第一，太嘚瑟。曹丕称帝以后，吴质小人得志。有一次在宴会场合，吴质看到曹真胖胖的，朱铄却精瘦。他那刻薄的恶趣味上来，找人说了一段“论肥瘦”的段子，搞得两人都拔刀想砍他。吴质却恃宠而骄，浑然不惧。

第二，太张扬。曹丕争位时，有“太子四友”：司马懿、陈群、吴质、朱铄。吴质排名第三，但今天流传的丕植斗智过招的故事，却全是吴质的主意。司马懿呢？史书记载他这一阶段的表现是：“每与大谋，辄有奇策。”哪些奇策？一个都没有流传下来。吴质的计谋为什么能流传甚广？因为他自己到处跟人显摆：“皇上能得太子位，主意都是我出的！我跟你说一个啊，比如那次先帝出征……”所以吴质死后的谥号，是“丑侯”。除了他儿子拼死力争要求改谥号，大家都觉得挺合适。

吴质当然是个聪明人，但他与其他谋士的差距也就在这里拉开了：首先，他不具备一名优秀谋士的很多基本素质，比如低调；其次，他所参与的都是“小谋”，而很少“与大谋”。

什么叫大谋呢？军国大事，是为大谋。刘晔，就是一名大谋高手。我们来赏析一则刘晔计谋的巅峰之作。

关羽败亡以后，刘备东征孙权，誓要报仇雪恨。刘晔献计：“可助刘备，急攻孙权。”这是赤壁之后，唯一结束三国的机会。但曹丕看不到。曹丕很天真地问：“为什么呢？”刘晔兴奋地说：“孙刘联合，方能勉强支撑。今吴蜀内讧，我助蜀攻吴，则灭吴必矣，此其一；刘备顺流而下，所得皆为孙吴的外围，我军渡江直取孙吴腹心，则蜀之获少，我之获多，破吴之后兵锋向蜀，则天下可一，此其二也！”曹丕心不在焉地说：“可是孙权已经向我们称臣了呀。要不我们帮孙权灭刘备好不好？朝三暮四，朝四暮三，效果是一样的。”刘晔急得脸都红了：“怎么会一样呢？陛下！刘备为关羽复仇，情感冲昏了头脑；孙权冷眼观变，头脑控制着情感。我们帮刘备，刘备肯定更起劲；我们帮孙权，孙权能看到利害所在，肯定会与刘备化敌为友，共同对付我们啊！”

这是刘晔的大谋，以天下为棋局，在错综复杂之中一眼看到鬼手所在，比吴质的运布、杨修的猜谜不知高到哪里去了。但刘晔也有局限。他的局限在于计谋的被采纳率太低。他劝曹操一鼓而下益州，曹操说：“既得陇复望蜀，你这个人怎么这么贪？”他劝曹丕灭孙吴，曹丕说：“人家孙权都称臣纳贡了，你这个人怎么这么坏？”他劝曹叡早伐公孙渊，曹叡说：“公孙渊是忠臣顺民啊，你这个人怎么这么狠？”曹家三代没人听刘晔的。为什么呢？

因为刘晔见机太早。别人还看不清形势，他早已完成了布局。

别人还看不清形势，当然不会用你的计谋。等形势明朗，问题浮现，刘晔早已懒得跟你们这些凡人废话，满脸写着“你们这群白痴，不听我的，傻眼了吧”的时候，其他谋士却积极为君主出谋划策，从而得到采纳、获取封赏。俗话说："曲突徙薪无恩泽，焦头烂额为上客。"刘晔见机太早，事前让君主无法采纳，事后让君主更加讨厌他。这跟田丰料中袁绍官渡必败，也料到袁绍回来会杀他是一个道理，就是自信太过、过于张扬的缘故。刘晔侍奉曹氏祖孙三代，却没为恼羞成怒的君主所杀，应该说已经很幸运了，还奢求什么呢?

刘晔犯的错误看似比杨修、吴质的高级，其实他与这两人也不过半斤八两而已。你以为你慷慨陈词、曹丕满腹狐疑、其他谋士保持沉默时，这些谋士中真的没人像你一样料敌先机吗?当然不是。他们只是在等待最佳的献策机会而已。刘晔的谋，只考虑了客观形势，而其他高手，则连主公的脾气和心情等主观因素，都一并计算进去了。

荀攸就是其中一位。

荀攸是计谋采纳率最高的谋士之一。他初到曹操帐下，第一次献策，是曹操攻张绣。荀攸说："张绣与刘表相依为命，粮食供应完全仰仗刘表，刘表早就不满了。不如我们先别攻他，等二人离心后，可以一鼓而下。如果现在攻太猛，他们反而会抱成一团。"曹操不听，之后事情的走向果如荀攸所料。这时候的荀攸，与刘晔一个级别。但荀攸比刘晔高明的地方在于——刘晔献策不被采纳，只会在心里骂别人：你们这群凡夫俗子！荀攸献策不被采纳，却会在心中反思：怎样才能提高被采纳率呢?

此战之后，你再去读《荀攸传》，便会发现曹操此后对他言听计从。不是曹操变了，而是荀攸变了。

不仅如此，荀攸从不炫耀自己的计谋。他献的计，家人、子弟一概不知。虽然他的好朋友钟繇知道，但钟繇没有记录下来。所以荀攸死后，他的"奇策十二"就没人知道具体所指了。曹操慨叹："荀攸这个人哪，愚不可及。"他认为荀攸外愚内智。他的智，别人还能赶得上；他的愚，真没人赶得上啊！而愚不可及，正是刘晔不及荀攸之处。

荀攸已经是完美的谋士了——如果没有贾诩存在的话。

荀攸的计谋，有两个特点：第一，以对形势的判断为主；第二，以主动献策为主。第一点说明荀攸还不够可怕；第二点说明荀攸还不够沉稳。

比如，官渡之战，曹操杀了颜良，抢了大批辎重往回走。突然，大批袁军主力部队杀到。诸将都慌了，劝曹操赶紧回大营。荀攸急忙说：“不可！现在正是灭敌军的好机会，怎么能跑呢？”《三国志》记载曹操的反应是：“太祖目攸而笑。”曹操看着荀攸，神秘地笑了笑。曹操的潜台词是：“公达，不要急啊，我早就想到了啊。”如果贾诩在荀攸的位置，根本不会说这句多余的废话。第一，荀攸只会判断形势，而贾诩会计算人心；第二，荀攸喜欢主动献策，而贾诩只会等人来问。换个比喻，老师提问，荀攸总是班里举手最积极的那个学生；而贾诩呢，从来不举手，但是老师点他起来回答，贾诩一定答得很好。

贾诩计算人心，已经到了令人恐惧的地步。这里赏析他的两则计谋。第一则是早年的，机变百出；第二则是晚年的，重剑无锋。

贾诩还在张绣手下的时候，有次曹操撤军，张绣决定追击，来问贾诩。贾诩说：“不要吧。名将撤军，一定有防备的。”张绣不听，果然如贾诩所言，追击不成，狼狈地回来了。贾诩说：“再去追击一次吧，这次曹操没有防备了。”张绣将信将疑地去了，果然大胜而归。三国时期最狡诈、最难被人看穿的，就是曹操；但曹操在贾诩面前，好像没穿衣服一样，没有任何秘密可言。

曹操选太子，曹丕、曹植斗得天昏地暗，双方都把各种各样的计谋用尽了，还是分不出输赢。曹丕实在没辙，来请教贾诩。贾诩说：“做好儿子该做的事吧。”这个计谋高明到了这种地步，甚至像一句废话一样。曹操是用计的祖宗，在他面前，无论多高明的奇谋密计，都好像跳梁小丑。

贾诩此计，就是看穿了曹操的心思，劝曹丕以道德替代智谋。在双方用计斗智到白热化的地步，这不啻一盆兜头冷水，让曹丕迅速冷静，恪尽子道，以朴实无华对抗曹植的浮夸与谲诈。

贾诩的计谋、话都很短，全靠对方的悟性。

一次，曹操问："马超、韩遂势力这么大，这仗怎么打？"

贾诩说："离之而已。"

又一次，曹操问："曹丕、曹植，谁可以做太子？"

贾诩不说话，发呆。曹操又问："到底谁可以做太子？"贾诩继续发呆。

曹操怒了，质问他："你干吗呢？"

贾诩突然如梦方醒，连连道歉："我在想袁绍、刘表的事情呢。"袁绍、刘表废长子而立少子，故而招致内乱，自取其败。

虽曰未谋，谋在其中矣。

贾诩在曹氏手下唯一一次主动献计，是赤壁之战的时候。贾诩建议曹操先安抚已获得的土地，不要急着进攻，要和敌人不慌不忙地打持久战。曹操没听。从此以后贾诩又变成了那个不问不言的木头人。在这里，贾诩犯了刘晔常犯的那个错误：见机太早。我想，即便是贾诩这样城府深重的谋士，在赤壁这样的大舞台上，也难免血脉偾张。

会计算主公的心思，又沉得住气，贾诩算是最完美的吗？

不要小看其他三国谋士，与他们相比，贾诩也有缺点，在他之上还有人。曹丕即位后，为答谢贾诩，让他官至太尉，居三公之列。孙权听说后，哈哈大笑。西晋初年，荀勖以此事告诫晋武帝，三公不能用非其人。（《三国志·贾诩传》：三公具瞻所归，不可用非其人。）像曹丕用贾诩，就被人笑话了。南北朝时裴松之给《三国志》作注，说陈寿让贾诩跟荀彧、荀攸合传，简直是对二荀最大的侮辱。

为什么呢？因为贾诩名声太臭。贾诩尽管一生算无遗策，能在乱世独善其身，但他与世俯仰，没有自己的理想。贾诩的目标很低：这样的乱世，只要活下去就好了，要理想干什么？他的目标低，所以容易实现。在没有理想方面，贾诩已经做到极致了。贾诩抬眼看看，在他之上，还有孤峰特出的寥寥数人。贾诩心中感叹一句：你们真勇敢。

在贾诩之上，还有荀彧。

荀彧年轻时，有个人才评论家称他是“王佐之才”。什么样的人可以称为“王佐之才”？刘向列出了三个人物：伊、吕、董仲舒。伊，就是开创成汤四百年天下的伊尹；吕，就是开创东西两周八百年天下的姜太公；董仲舒，就是以《天人三策》、“独尊儒术”建立两千年官方哲学体系的董仲舒。

荀彧本来有机会成为伊、吕、董仲舒这样的王佐。他把这样的期望寄托于曹操。所以他献计迎立天子，希望曹操由霸道而进于王道；可惜，曹操只想由霸道而堕人“强”道。一段同床异梦的“蜜月期”之后，二人间的裂痕急速扩张，终于到了分道扬镳的时刻。荀彧在生命的最后时刻，把一生的手稿全部焚毁，饮药而卒。

一切风云际会，一切奇谋秘计，都化作袅袅青烟，一分西蜀，一分江东。

江东有理想的谋士，是鲁肃。蜀汉有理想的谋士，是诸葛亮。这两个人，与荀彧一样，都已经突破了普通谋士的层次。三国谋士如云，有大战略眼光的，仅此三人；获得成功的，仅诸葛亮、鲁肃两人而已。

鲁肃当年，与孙权榻上对策，商定南北对峙、二分天下的帝业。诸葛亮当年，与刘备隆中对策，商定跨有荆益、三分天下的霸业。三国历史就是由曹操的挟天子一统天下，到鲁肃的“榻上对”南北并峙，再到诸葛亮的“隆中对”三足鼎立的过程。能够对局势影响如此之大的人，非子敬、孔明而谁？

鲁肃的眼光，只有曹操、诸葛亮二人能够理解。

做一个对比，看看普通谋士与大谋士的差距。法正是人气很高的谋士，他的策谋水平在蜀汉仅次于诸葛亮，与庞统在伯仲之间。放眼天下，也与程昱、刘晔不遑多让。汉中之战是法正的巅峰之作。此战之后，曹操败北。曹操说："刘备不可能这么厉害，背后一定有高人指点。"后来得知是法正，曹操哈哈大笑："我就说有高人嘛。"

还是以曹操为秤，来衡量鲁肃。鲁肃劝孙权把荆州借给刘备，让刘备有立足之地。此事，孙权、刘备都无法理解。孙权后来终于借吕蒙之手夺回荆州，长舒一口气，说这是鲁肃一生干得最蠢的事情；刘备得了荆州，也觉得鲁肃是"二百五"，自己占了偌大便宜，时时刻刻对孙权高度戒备、充满敌意。同样是此事，传到北方，曹操正在练字，听到消息大惊失色，毛笔失手落地。

这就是法正与鲁肃的差距，也是孙、刘与曹操的差距。

诸葛亮不用多说了。三国时期，当时谋士谁也不服谁，难以评骘高下。一千八百年后，还需要评吗？你去路上随便找个老百姓问问："郭嘉和诸葛亮谁厉害？"对方会一脸茫然地问你："郭嘉是谁？"

诸葛亮在今天能有这么大的名气，其中当然有《三国演义》的威力。但最重要的不在于罗贯中如何刻画诸葛亮，而是诸葛亮如何期许和勉励自己。

诸葛亮在隆中躬耕读书时，就以管仲、乐毅自比，"时人莫之许也"。后来他再也不说自己的理想了。别人问他：你的理想有多大？郡守？刺史？诸葛亮"笑而不言"。

我想要成就的事情，本来就不在这个时空，本来就不在你们的理解范围之内啊。

念天地之悠悠，独抱膝而长啸。

第一章　千古谁识诸葛亮

葛公在时，亦不觉异；自葛公殁后，正不见其比。

——〔南朝·梁〕殷芸《小说》

诸葛丞相，今谁与比？

东晋永和三年（公元347年），今之四川成都，兵临城下。

被围的是四川境内的一个割据政权——成汉；围城的是东晋安西将军桓温。桓温是东晋一位曹操式的枭雄，用兵如神。他没花多大力气，轻轻松松就攻下成都，结束了蜀地四十多年的战乱，实现了长江流域的统一。

在花团锦簇之中，桓温把军队开进成都城，坐定在成汉皇帝曾经的金銮宝殿之中。手下正一项一项汇报战果：户口图籍、金银珠宝、蜀锦汉钱、宫娥舞女……桓温漫不经心地听着。桓温的志向高在云端，眼前区区小利，并不足以令他动容。

但是，部下在民间访求的一个发现，却令眼界甚高的桓温也不禁来了兴致：成都城中，发现了一位老人。此人曾经是蜀汉的一名小吏，在诸葛亮身边担任文书工作。

什么概念？

诸葛亮死于公元234年，距离347年，已经过去113年了。假设诸葛亮死时，此人才20岁，桓温见到的老人，至少也有130多岁了。桓温得知此事，非常兴奋。

桓温是一个不世出的英雄。他天生异相，“眼如紫石棱，须作猥毛磔”。更难得的是，他功业过人：对内，将司马氏的皇帝玩弄于股掌之上；对外，西征北伐，无往不利。当时人对他的评价，下焉者评之为三国时期的孙权、司马懿，上焉者评之为传说中的伊尹、周公。但桓温自己心里清楚：无论伊尹、周公，还是孙权、司马懿，都死去已久，没有人亲眼见过。所以这些评价，都只能当作吹嘘，满足一下虚荣心罢了。桓温不是普通的虚荣之辈。他自视甚高，认为当世没有自己的敌手，十分想知道自己与古人相比，究竟如何。

诸葛亮，当然是极有分量的比较对象。眼下，就有一位目睹过诸葛亮的老人，岂非天赐良机?

桓温迫不及待地接见了这位百岁小吏，问道：“老人家，你既然曾在诸葛亮手下工作过，那你看当今天下，有谁能和诸葛亮相比？”（《晋书》：诸葛丞相今谁与比？）

桓温的问题，意图非常明显：诸葛亮是百余年来口碑最好、风评最佳的政治家，而我桓温也算并世罕有、当代一人。你作为蜀汉旧吏，接近过诸葛亮，如今又得目睹我桓温的风采。请你品鉴一下，我与诸葛亮相比，究竟如何?

他期待的答案是：桓将军您冠绝当世，超越古人；区区诸葛，不在话下。

没想到这位百岁小吏根本不吃这一套。一百多岁的人了，犯不着再看别人的脸色。他蠕动干瘪的嘴唇，慢悠悠吐出一句真话：“葛公在时，亦不觉异；自葛公殁后，正不见其比。”想当年，我在诸葛丞相身边工作的时候，也没觉得他有什么特别；但是，自从诸葛丞相死后，到现在一百多年了，我还没见过有谁能比得上他。

这个回答深蕴着“前不见古人，后不见来者”的历史孤独感，和眼前的桓温没有半毛钱关系。

这个故事记载于南梁殷芸的《小说》中，上距桓温的时代大约六七十年，可能只是一个流传很广的传说。三国时代亲眼见过诸葛亮的小吏，活了一百三四十岁（明代冯梦龙的《智囊》说此人活了一百七十岁），可能性不大。但虚构的故事，蕴含着真实的观念。“自葛公殁后，正不见其比”，正是当时人的心声。

再从另一个角度，理解百岁小吏的回答。

《庄子》记载，孔门的高足颜回对孔子有这样一段描述：“老师走路，我也能跟着走路；老师小跑，我也能跟着小跑；老师奔跑起来了，我也能跟着奔跑。可是老师马力全开、绝尘而去，我就只能瞠目结舌、望尘而叹了！”（夫子步亦步，夫子趋亦趋，夫子驰亦驰，夫子奔逸绝尘，而回瞠若乎后矣。）

“步亦步，趋亦趋”，这是“葛公在时，亦不觉异”；“奔逸绝尘，瞠若乎后”，这是“自葛公殁后，正不见其比”。三国时代能与诸葛亮相比的人，并不在少数。人们能从才华与事功感受到诸葛亮的卓越，但还能“亦步亦趋”。他们感觉不到，自己有幸与一位能够“奔逸绝尘”的大人物相处于同一时代。有趣的是，随着时间的流逝，曾经与诸葛亮“亦步亦趋”的陪跑者，无一不在历史的马拉松中掉队，只能“瞠若乎后”，眼睁睁看着曾与他们齐名的诸葛亮“奔逸绝尘”而去。

最早与诸葛亮齐名的人物，可能是“凤雏”庞统。刘备屯驻荆州时，曾拜访以知人见长的隐士司马徽，求问天下大事。司马徽说：“我只是一个儒生俗士，哪里懂得天下大事？你去问伏龙、凤雏吧，他俩才是不世出的人物。”（《三国志》注引《襄阳记》）所谓“伏龙”“凤雏”，正是诸葛亮、庞统的雅号。庞统当时能与诸葛亮以“龙凤”齐名，千百年后却只能以“附骥尾”而闻名。倘若没有《三国演义》对“卧龙凤雏”的宣传，恐怕“凤雏”早已湮没在茫茫史海之中了吧。

三国后期，庞统逐渐被人淡忘。此时能与诸葛亮相提并论的是司马懿。吴国有位外交大臣张俨，著有三卷《默记》，专门探讨诸葛亮与司马懿的优劣。文中说，汉末天下大乱，英雄豪杰趁势建功立业。作为人臣，功业最大、经历也最相似的，正是诸葛亮与司马懿。那么，他二人孰优孰劣呢？张俨从政治、军事多个角度衡量，结论是：诸葛亮优于司马懿；只有上古的管仲、晏子，才能与诸葛亮相比。毫不夸张地说，这大概是历史上司马懿的风评最接近诸葛亮的一次。前几年，以司马懿为主角的历史读物与影视剧又小火了一把。值得注意的是，有关司马懿的作品，宣传时一定会提到诸葛亮；有关诸葛亮的作品，宣传时大多不会提到司马懿。简而言之，司马懿的小火，是靠“碰瓷”诸葛亮实现的。

除了蜀汉的庞统、曹魏的司马懿，孙吴也有两位曾与诸葛亮比肩的人物：周瑜、鲁肃。不过，后来，东晋史家习凿齿的《侧周鲁通诸葛论》说周瑜、鲁肃乃是趁乱而起、侥幸成名的小人，诸葛亮才是穷则独善其身、达则兼济天下的君子。用今天流传的两句成语来说，“一时瑜亮”只是场面话，“既生瑜，何生亮”才是事实。

庞统、司马懿、周瑜、鲁肃，这些三国的风云人物都不过是诸葛亮漫漫征程中的短暂陪跑者。他们掉队之后，诸葛亮独自一人，跑进了更加高远孤独的境界。

古人中求，为敌盖寡

回顾桓温的提问：“诸葛丞相今谁与比？”唐人刘禹锡对韩愈的评论，恰好可以借来作答：“当时勍者，皆出其下；古人中求，为敌盖寡。”（《祭韩吏部门》）同一时代最优秀的人杰，都已经被他远远落在身后；能够与他势均力敌的对手，大约只有去古远的历史长河中寻求。

诸葛亮自己，早已有了这样的觉悟。他早年隐居时，就自比管仲、乐毅，但当时人并不认可；诸葛亮死后，人们才惊觉这个比喻之恰切。当三国时代结束，庞统、司马懿、鲁肃之流先后掉队，评论家们便自觉地用古人来与诸葛亮为侣。

诸葛亮的可怕之处就在于：即便他自己曾引为人生楷模的古人，也逃脱不了从陪跑到掉队的宿命。当历史的马拉松进入现代，能勉强跟上诸葛亮脚步的历史人物，也已寥落晨星。

“古人中求，为敌盖寡”，绝非虚誉。

第一个掉队的，是乐毅。

乐毅是战国时期燕国的名将，曾经统率五国联军攻打强横的齐国，险些将之亡国。诸葛亮自比乐毅，并非仅仅看重其军事才能，而是别有深意，后文再叙。

汉末的人认为诸葛亮过于自负，西晋的人则认为诸葛亮过于自谦了。西晋有个张辅，是东汉科学家张衡的后代。他写过一部《名士优劣论》，专门比较历史名人的优劣高下，其中有一篇《乐葛优劣论》，明确指出：乐毅率领五国联军，才能破齐，不足为强；破齐的过程中，杀戮甚重，不足为仁。而诸葛亮用兵，以弱敌强，仁勇兼备。他的结论是：“乐毅哪里能与诸葛亮相提并论呢？伊尹、姜太公还差不多吧！”唐代设置武庙，以姜太公为武圣，下配“武庙十哲”，右列分别是：张良、田穰苴、孙武、吴起、乐毅，左列分别是：白起、韩信、诸葛亮、李靖、李勣。古代庙宇的牌位，以右为尊，按照一右一左排序。所以在官方认定中，诸葛亮排名第六，乐毅排名第九。即便纯以军事论，乐毅也已经无法相提并论了，更不用说治国理政的能力了。

第二个掉队的，是管仲。

管仲是春秋时期齐国的名臣，曾经辅佐齐桓公尊王攘夷，成就霸业。应该说，管仲是诸葛亮最强劲的对手，在历史上陪跑时间最久。魏晋南北朝有“管葛”之称，将管仲与诸葛亮相提并论。这个词一般用于比喻治国的良相。

但是，同样早在西晋，就有人认为管仲配不上诸葛亮了。西晋名将刘弘镇守荆州，曾修复诸葛亮故居，请《陈情表》作者李密之子李兴写了一篇纪念文章，文中明确说：“管仲私德不行，富得流油，不知节俭；乐毅晚节不保，最终逃离了燕国。这两个人哪有资格与诸葛亮相提并论啊！”（《三国志》注引《蜀记》：夷吾反坫，乐毅不终；奚比于尔，明哲守冲。）那么，谁能与诸葛亮相比呢？“不是辅佐尧舜的皋陶，那就是辅佐商汤的伊尹吧。反正轮不到什么管仲、晏子。”（《诸葛亮故宅铭》：匪皋则伊，宁彼管、晏。）“管葛”这种提法，在唐宋以后，除了诗词中偶尔用为典故外，大概也没什么人提了。

第三个掉队的，是萧何。

萧何是西汉的开国宰相，奠定了两汉四百年太平之基。乐毅掉队之后，人们不再以“管乐”，而以“管萧”比拟诸葛亮。这个比喻最早出现在《三国志》作者陈寿进献给晋武帝的《上〈诸葛氏集〉表》。陈寿去掉乐毅，加上萧何，可能有三个考虑：第一，萧何是统一王朝的名臣，比管、乐这类割据政权的将相，功绩要大得多；第二，诸葛亮的功绩主要在于治国，军事不过是其余事而已；第三，向司马懿的孙子强调诸葛亮的武功没有意义，强调其治绩更符合现实需要。但萧何显然也是比不上诸葛亮的。第一，萧何不学无术，学问比不上诸葛亮；第二，萧何没有军事才能，治军比不上诸葛亮。所以唐代诗圣杜甫就说：“伯仲之间见伊吕，指挥若定失萧曹。”（《咏怀古诗五首·其五》）一个“失”字，萧何与诸葛亮的差异顿见。能与诸葛亮相提并论的，仍是伊尹、吕望（姜太公）这类上古大神。

细心的读者应该已经发现了，当第二批陪跑者管仲、乐毅、萧何陆续掉队之后，诸葛亮渐渐跑进了“三代”的队列，他的对手是夏之皋陶、商之伊尹、周之姜太公。

所谓“三代”，是指夏、商、西周。今天的主流历史观念是进步史观，认为后浪总是胜过前浪；古人的主流历史观念，却是退步史观，认为夏、商、周是黄金时代，自春秋战国以下，社会就逐渐堕落了。“三代以下”的人物，能够与“三代以上”的人物并列，是无上的殊荣。

从唐宋开始，诸葛亮逐渐成为“三代以下第一人”。

南宋大儒朱熹眼高于顶，常以近乎苛刻的道德标准审视古人。他认为诸葛亮的学问粗疏驳杂，但也不得不承认“三代而下，必义为之，只有一个诸葛孔明”（《朱子语类》）。

明末大儒黄宗羲认为，历代人物有资格进入孔庙的只有七位，诸葛亮是第一位，也是秦汉魏晋近千年间唯一的一位（《破邪论》）。

到了清代，诸葛亮正式入选孔庙。中国历史上仅有两人够资格同时从祀文、武庙，一位是西晋的杜预，另一位就是诸葛亮。从祀孔庙有一个便捷法门：只要你时代够早（唐以前），又给经典作过一部注释，大概率就能入选。杜预就是靠着注释《左传》的功绩进入的孔庙。有趣的是，诸葛亮没有任何经学乃至儒学著作，不过，他的实力摆在那儿，也就顺理成章地被“破格录取”了。

这些上古的“大神”，是最后的陪跑者吗？很遗憾，并不是。

近代，是“重估一切价值”的时代。在重新校准过的时代天平衡量之下，无数涂满道德油彩的“大神”惨遭卸妆，跌落神坛；无数曾经被片面的道德观斥责的“小人”凭借符合时代标准的事功，重返舞台，被推到聚光灯下。在这个沉浮动荡的过程中，经过时代的“祛魅”，第三批陪跑者纷纷掉队，诸葛亮又换上了一批新的对手。

清末民初，梁启超曾主编一部《中国六大政治家》，挑选了六位符合近代政治与法学标准的政治家，写成传记。分别是：管仲、商鞅、诸葛亮、李靖、王安石、张居正。不难看出，这是以受到西方功利主义影响的法家视角选出的人物。以儒家价值观而论，诸葛亮是“三代以下第一人”；以法家价值观而论，诸葛亮是“中国六大政治家”之一。对立双方共同推崇的人物，大约只有一个诸葛亮。这样一种“崇法轻儒”的风气，几乎纵贯整个 20 世纪。

历史进入 21 世纪，法家、儒家都已成为过眼云烟。淡化了“救亡”“启蒙”之类沉重的时代主题，人们可以抱持比较轻松平和的心态来看待历史了。无论是严谨的学术界，还是娱乐的文化圈，都用挑剔的眼光重新审视古人，诸葛亮也未能例外。审视的结果如何？且来看两个数据。

第一个数据来自中国。2012 年，法学家俞荣根先生在全国范围内做了一次问卷调查，想要了解中华民族最受崇拜的人物是谁。最后收回 12280 份有效问卷。统计结果显示，排名第一的是孔子，排名第二的是诸葛亮。

第二个数据来自日本。日本的《文艺春秋》在 1999 年搞了一次大规模的民意调查，主题是“最有影响力的中国人排名”，排在前六位的依次是：孔子、毛泽东、诸葛亮、周恩来、蒋介石、邓小平。其中古人只有孔子与诸葛亮。2005 年，日本的《周刊文春》又对“当代日本人最崇拜的一百个世界名人”做了一次调查，中国只有两个人入选，一个是孔子，排名第 87，一个是诸葛亮，排名第 28。

从这些例子和数据可以看到，无论是古人还是今人，无论是中国人还是深受中国文化影响的外国人，在他们心目中，诸葛亮都是非常完美的政治家。

必须承认：这份殊荣，不是靠实打实的政绩比出来的。

历朝历代的政治家中，比诸葛亮成就大的人，指不胜屈。比如改革家商鞅，主持变法，让秦国由弱变强、统一天下；比如秦始皇和他的丞相李斯，他们设计的一整套制度在中国沿用了两千多年；比如北宋王安石变法，虽然功败垂成，但是在历史上也有重大影响。诸葛亮呢？他治理的只是一个小国家，国土面积只比今天的四川省略大，而且不过几十年就灭亡了。他颁布的法律、设计的制度，没有一项传之久远。但是，这并不影响诸葛亮作为一位杰出的政治家在中国人心目中享有崇高的地位。

所以阅读诸葛亮，就是要破解“诸葛亮情结”背后所隐藏的中国特色的政治密码，就是要搞清楚中国人心目中最完美的政治家、中国人最向往的政治蓝图到底应该是什么样子。

简单来讲，我们要寻找“百岁小吏之答”的依据——

在中国文化独特的评价标准之下，最完美的政治家应该是什么样子？诸葛亮为什么能够不朽？

诸葛亮为什么不朽？

关于这个问题，已经有了一些流行的观点：诸葛亮最惹人注目的素质，是运筹帷幄、算无遗策的“聪明”，与鞠躬尽瘁、死而后已的“忠诚”。

我们不妨逐一审视这些观点。

诸葛亮以“聪明”著称，主要是《三国演义》和无数三国题材文艺作品渲染的结果。鲁迅在《中国小说史略》中就说：“状诸葛之多智而近妖。”想要刻画诸葛亮的聪明，结果刻画成了一个妖道，过犹不及。这不是对诸葛亮的拔高，而是将诸葛亮妖魔化。经过《三国演义》的妖魔化，诸葛亮的“艺术形象”掉出了历史马拉松的第一梯队，只能与徐茂公、李淳风、刘伯温之流为伍了。

诸葛亮的“历史形象”绝不聪明，反而是反应比较慢的。以《三国志》为例，陈寿认为诸葛亮“奇谋为短”，所以“盖应变将略，非其所长”。裴注引用《袁子》也说诸葛亮是一个老成持重的人，然而“其于应变，则非所长也”。由此可见，诸葛亮谨慎持重、不善应变，是当时人的共识。

诸葛亮如果知道自己在后世以“聪明”见称，应该不会高兴。他曾经给兄长诸葛瑾写信，提到自己八岁的儿子诸葛瞻“聪慧可爱”。“聪慧可爱”是好事吗？诸葛亮认为未必。他笔锋一转：“他这么聪慧，我担心他会比较‘早成’。”（聪慧可爱，嫌其早成，恐不为重器耳。）“聪慧”与“早成”，在现代人看来都是优点，诸葛亮为什么却为此担心？

只要对比一下东汉马援的故事就明白了。《后汉书·朱勃传》说，马援有个同学叫朱勃，非常聪明，十二岁就会包本背诵《诗经》《尚书》，而且能学成年人的腔调走方步、行礼节，风度翩翩、彬彬有礼。马援十二岁才刚认字，见了朱勃，自惭形秽。马援的兄长安慰他说：“朱勃是小器速成。真正的大器，成型都很慢。”诸葛亮担心儿子“聪慧”“早成”，正是担心他被聪明自蔽，难成大器。

诸葛亮是能经受住时间考验的大器。论射覆猜谜，他不如杨修；论七步成诗，他不如曹植；论过目成诵，他不如张松；论巧答如流，他不如秦宓——他的不朽，是因为“聪明”吗？

诸葛亮的“忠诚”，也并非一目了然，起码当时人看得不那么清楚。

《三国志》注引《袁子》介绍了一则逸事：赤壁之战前夕，诸葛亮出使孙吴。张昭非常器重诸葛亮，建议他留下辅佐孙权。诸葛亮拒绝了，他说：“孙权确实也是个英雄。但我看他的度量，能够把我当个人才，但不能让我尽情施展才华。所以我是不会留下的。”（能贤亮而不能尽亮，吾是以不留。）这话说得很暧昧，所以裴松之作注时，认为以诸葛亮的忠诚，不可能说出这样的话来，力辨其伪。其实事情是真是假姑且不论，这个故事中的诸葛亮很符合当时人心目中的历史形象。

再来看一条“大逆不道”的史料。陈寿编写的《诸葛亮集》收录了一份李严给诸葛亮的信。刘禅时代，李严是蜀汉的二把手。他对诸葛亮说："你功劳这么大，威望这么高，何不受加九锡，晋爵称王？"诸葛亮答信说："等将来消灭了曹魏，奉皇帝还于长安故都，就算受十锡也不在话下，谈什么九锡呢。"

所谓"九锡""称王"，在汉末是架空天子、称帝夺权的前置步骤。李严写信之前，董卓、曹操都是这么干的；将来，司马氏也要这么干。李严说这话固然没安好心，但诸葛亮的回答也可谓毫不避嫌。这绝不符合传统意义上的"忠臣"标准。

更何况，诸葛亮在刘禅时代，以"专权"著称。陈寿说，刘备死后，刘禅幼弱，"事无大小，亮皆专之"。刘禅自己也有这个觉悟，主动宣称："政治全权委托诸葛亮，寡人就做个甩手掌柜，出席一下国家大礼这样的场合就好了。"（政由葛氏，祭则寡人。）就连诸葛亮的铁杆粉丝、《袁子》的作者袁准，也说诸葛亮"专权而不失礼，行君事而国人不疑"。失不失礼、国人疑不疑，是价值判断，不排除有作者的感情倾向；以臣子的身份"专权""行君事"，却是事实判断，不容置疑。

所以诸葛亮一死，就有一个李邈立刻上书刘禅，表示祝贺。他说："诸葛亮统率强兵，狼顾虎视，就算没有反叛之心，也非常危险。幸好诸葛亮及时病死了，我替陛下感到庆幸。"（《三国志·杨戏传》注引《华阳国志》）这个妄人当然立刻被刘禅下狱诛杀了，但他的描述表明：诸葛亮在当时的形象并非"忠臣"，而是"权臣"。

不必引证更多的史料，只要稍稍一读《出师表》就能感到诸葛亮对刘禅的耳提面命，远远超出了帝制时代人们对"忠诚"的理解，直逼"大臣之道"的本质。

诸葛亮不以"忠诚"自命，也不受制于"忠臣"的人设。论忠诚，他既不如舍身为刘备挡箭的法正，又不如冒死救幼主的赵云，更不如千里走单骑的关羽。他的不朽，是因为"忠诚"吗？

诸葛亮最为人艳称的两个品质，好像都立不住脚。回过头来扪心自问：你真的了解诸葛亮吗？“百岁小吏之答”的依据到底是什么？诸葛亮身上那说不清道不明却又无人能比的品质究竟是什么？诸葛亮为什么不朽？

南宋末年的谢枋得说过一段振聋发聩的话，七百年后读来，仍凛然有生气：“大丈夫行事，论是非不论利害，论顺逆不论成败，论万世不论一生。”（《与李养吾书》）中国传统政治文化评价一个人，看的不是得失、利害、成败，而是一个字——“道”，你的所言所行、所作所为，是否符合道义。这个道不是简单的道德品质，并非一个人一辈子积善行德不做亏心事，就算符合道了，就可以不朽了。一个人自己修炼，功德圆满，这不是道，这在佛家叫作“自了汉”，只能自己救自己，管不了别人的死活。

苏东坡说“道济天下之溺”（《潮州韩文公庙碑》），当天下处于水深火热之中时，能以自己的力量拯救天下，这才是道。这种道不仅要求一个人心地善良，更要求他有心系天下之人的勇于担当，有道济天下之溺的精深智慧。诸葛亮的一生体现出了这种大担当和大智慧，符合中国人对“道”的最高想象，所以他能成为中国人心目中最完美的政治家，所以诸葛亮才可以不朽。

重新认识诸葛亮，就是要搞清楚三个问题：第一，起初的诸葛亮和你我一样，也是一个普通人，他是经过怎样艰苦的学习和努力，才能臻于“道”的境界？第二，诸葛亮在政治、法制、军事、外交等各个方面，有什么独特之“道”？第三，诸葛亮的“道”对后世产生了何等深远的影响？

《孟子》表明：了解一个古人，要“知人论世”。不仅要了解这个人物本身，还要了解他的前世今生，了解他所身处的时代。

诸葛亮身处一个什么样的时代呢？这个时代最大的难题是什么？天将降大任于斯人也，时代留给诸葛亮的，究竟是什么样的任务？

第二章　历史的十字路口

曹操因衰乘危，得逞其奸，孔明耻之，欲信大义于天下。

——〔北宋〕苏轼《诸葛亮论》

最可怕的时代

重新认识诸葛亮，首先要知道他生活在一个什么样的时代。

诸葛亮出生在公元 181 年。按照中国传统的王朝纪年来算，属于东汉末年。

东汉末年是什么样的时代？《三国演义》开篇就讲："天下大势，分久必合，合久必分。"东汉末年，就处在"合久必分"的前夕，是末日降临前最后的狂欢。

庸碌之辈，享受着狂欢；有识之士，洞见了末日。

《世说新语·排调》讲了个小故事：东晋时期，一群人聚会行酒令。他们约定：先作"了语"——看谁的诗最洒脱。有的说："火烧平原无遗燎。"一场大火，烧了片大地真干净。有的说："白布缠棺竖旒旐。"人死绝了，棺材上竖着招魂幡。接下来，他们又换了个题目，改作"危语"——看谁的诗描绘的境界最危险、最可怕。有的说："百岁老翁攀枯枝。"一百岁的老人，爬上即将折断的枯枝之巅。有的说："井上辘轳卧婴儿。"在井口上吊水的装置上，躺着一个好动的婴儿。最后一个说："盲人骑瞎马，夜半临深池。"一个盲人骑着一匹瞎马，半夜三更朝着深渊一步一步走去。

为什么“盲人骑瞎马”，会比“老翁攀枯枝”“辘轳卧婴儿”更可怕？这两句诗最让人毛骨悚然的地方就在于：危险必将来临，却不知何时发生。身在局中的盲人也许毫不自知，但明眼人的心却随着瞎马的蹄声一步一沉，动魄惊心。

“火烧平原”“白布缠棺”犹如魏晋南北朝。大乱已经来临，当然很痛苦，但当时的士人并不恐惧，没有惶惶不可终日的表现，反而显出一派洒脱坦然。比如魏晋之交的“竹林七贤”，每天就是喝酒，醉生梦死。其中的刘伶，经常一边喝酒一边游玩，有个仆人提着铁锹跟着他。刘伶专门交代仆人：“死便埋我。”（《晋书·刘伶传》）我要是喝着酒，走着路，醉死了，死在哪儿，你就地挖个坑把我埋了。连死都不怕，心境非常旷达。再比如东晋末年的陶渊明，你读他的诗，一点都不觉得慌张害怕。“采菊东篱下，悠然见南山”，非常淡泊。“纵浪大化中，无喜亦无惧”，让变化来得更猛烈些吧，我就在这时代的剧变之中冲浪，既没有喜悦，也没有忧惧。确实够洒脱。

东汉末年就不一样。汉末的《古诗十九首》，大多篇目都弥漫着迷茫、悲观的情绪：“驱车上东门，遥望郭北墓”，驾着小车出城来到郊外，并非踏青郊游，而是麻木地远望一片坟墓。看到了什么？“下有陈死人，杳杳即长暮”，坟墓之下，埋着死了很久的人。对于冢中枯骨而言，这个世界昏昏沉沉，仿佛坠入永无止境的长夜。这描绘的当然不是死人的视听，而是活人的感受。这就是那个时代的精神状况。对于有识之士而言，这是种旁观盲人临渊一样的痛苦与焦虑，比直接置身于兵荒马乱、战火连天中，还要痛苦百倍、焦虑万分。

诸葛亮是汉末最富远见的人物之一。他的痛苦感之强烈是世间的庸庸碌碌之人所难以了解的。

天下之患，在于土崩

任何一个王朝行将灭亡，都有遗老遗少为末日之降临而痛苦，也有时代的弄潮儿为曙光之乍现而兴奋。但汉末不同。汉末只有末日，曙光遥遥无期。因为汉末是一个“土崩瓦解”的时代。

汉武帝时，文人徐乐有一个著名的论断：“天下之患，在于土崩，不在于瓦解。”（《汉书·徐乐传》）一个时代社会最大的危机，不是瓦解，而是土崩。以盖房屋为例，“土”是地基，“瓦”是上层建筑，瓦解还能重盖，土崩就无法想象了。徐乐举了两个例子：七国之乱是瓦解，虽然汉王朝面临生死危机，但根基比较稳固，仍然挺过去；秦朝灭亡是土崩，天下云集响应，并起亡秦旗，王朝统治的根基坏了，根本没有重建的希望与可能。

徐乐生活在汉武帝时代，有幸没见过真正的“土崩”。如果置换在汉末六朝，“土崩”与“瓦解”的程度都呈几何级剧增：

什么叫瓦解？屋瓦碎裂，还能重铺。比喻到政治上，一个政权完蛋了，改朝换代，刘家完了曹家来，李家完了赵家来。政权更替，老百姓当然也要吃苦，但毕竟是上层的斗争，对老百姓影响还小，忍个几十年，忍到改朝换代就好了。所以天下之患不在瓦解。

什么叫土崩？地基崩溃，无从挽救。社会的元气亏损了，世道人心败坏了，这叫土崩。

瓦解，解散的是一个政权；土崩，崩溃的是一个文明。

一个文明土崩了以后，往往就在历史上烟消云散了。比如说古希腊文明，文化盛极一时，崩溃之后，而今安在？没有了。今天的欧洲有个国家叫希腊，在文明传承方面，与古希腊文明没有什么关系。古罗马文明，武功震赫万世，崩溃之后，而今安在？也没了。今天意大利的首都叫罗马，是一个城市，在文明的传承方面，也和古罗马没有关系。

中华文明的韧性比较强，每次土崩之后仍能缓过来，但也要经历漫长的痛苦岁月，经历几代人艰苦卓绝的努力打拼。从公元 220 年东汉灭亡开始，天下三分，历史进入魏、蜀、吴三国时代；三国之后，是西晋、东晋、五胡十六国、南北朝，隋朝有一个短暂的统一，很快又崩溃了。一直要到公元 618 年唐朝建立，中华文明才算重新崛起。从公元 220 年到 618 年，整整四百年的四分五裂，整整四百年的连天战火。这就是土崩的后果。

生活在东汉末年的人，他们不可能清楚预知后续的历史大势。但是，延续了四百年的大汉王朝犹如千疮百孔的庞然巨物，行将崩溃。原本寄生于巨物之上的种种生灵，弱小者独善其身，强大者兼济天下；守旧者力挽狂澜，开新者推波助澜。每个人都用不同的方式，应对时代的危机。唯一相同的是：过往的历史经验无法为这场前无古人的变局提供应对的范本。每个人都只能即兴发挥，无人喊停，至死方休。

天下之患，在于土崩，这就是汉末的时代背景。只要生于汉末，无论是生于 2 世纪 50 年代的曹操、生于 2 世纪 60 年代的刘备、生于 2 世纪 70 年代的司马懿，还是生于 2 世纪 80 年代的诸葛亮，都必须直面这一时代命题。

面对这一艰巨的时代命题，不同的人物限于个人才力之大小、意志之强弱，做出了不同的选择。

曹操的选择

汉末三国，人杰辈出。逐鹿中原的袁、曹，三分割据的孙、刘，天下归一的司马，都是一流人物。至于运筹帷幄的策谋之士、扬名疆场的勇武之人，简直不胜枚举。但这个时代最优秀的人物，有资格继续负担时代重任的英雄，毫无疑问只有两个：曹操和诸葛亮。

曹操出生于公元155年，比诸葛亮大二十六岁，算是上一代的人中龙凤，前三国的佼佼者。前文拿了不少三国人物与诸葛亮进行比较，其实最有分量的汉末三国英雄乃是曹操。作为对比，必须用足够的篇幅看一看，诸葛亮上一代最优秀的人物究竟努力到了怎样的程度，又止步于何处。

曹操年轻时，东汉政府已经很腐败了。那时候的曹操还是个很有理想的热血青年，他不屈不挠地和腐败的当权者做斗争。他曾经效法聂政、荆轲，孤身刺杀宦官头子张让，打算以一己之力为天下除掉首恶；他曾经铁腕执法，当街用五色大棒打死权势滔天的宦官蹇硕的叔叔，还捣毁为害一方的野鬼淫祀；他曾经上书皇帝，直陈时弊，痛下针砭。结果很惨。曹操在官场上三起三落，甚至险些被人害死。

诸葛亮四岁那年，公元184年，黄巾起义爆发。曹操一看官场上玩不转，干脆投笔从戎，投入镇压黄巾起义的战斗中。在镇压过程中，许多地方实力派招兵买马，积累了相当强的实力，形成了军阀割据的局面。其中最强大的军阀董卓，在诸葛亮九岁那年，公元189年，带领军队杀进首都洛阳，废立天子，无恶不作。曹操是个有志青年，不愿意与董卓同流合污，孤身一人逃出洛阳，被全国通缉，惶惶不可终日。

就在逃亡途中，发生了一件惊心动魄的事情。曹操寄宿在老友吕伯奢家中。曹操正亡命天涯，形同惊弓之鸟，十分敏感。一天夜里，因为误会，曹操以为吕伯奢要谋害他，便先下手为强，制造了一起灭门惨案。他拿起屠刀，把吕氏一家八口全数宰杀。到了这个时候，曹操的心态发生了一个微妙的变化。

吕伯奢家灭门惨案，在中国历史上来讲，是一起不值一提的小案子。在曹操波澜壮阔的一生之中，似乎也不是什么大不了的事情。曹操一生杀过的人太多了，湮灭在历史夹缝之中的吕家八口，实在算不了什么。

但是，读史不宜开启上帝视角，不宜用“后见之明”，而应采用当事人视角，深入历史人物的心灵，体察他的心路历程。对于当事人曹操而言，这个案子、这段逃亡生涯，在他的心路历程中，在他的心态史上，必定隐秘地占据了一席之地。

我们只要想一想，曹操当时只有三十五岁，并没有后来那么狠辣、那么老谋深算。而且，这也许是他人生中第一次亲手杀人，尤其是第一次杀害无辜的人，一杀就是八个。这件事情肯定会成为他埋藏在心底的一个秘密、一个禁区。那么，这起灭门惨案，这段逃亡生涯，会对曹操产生什么样的影响呢？

细读《三国志》就可以发现：吕伯奢事件之前的曹操，虽然有点狡猾，但大体上是个很有正义感的青年，为了理想，反对宦官；为了理想，反对董卓。结果自己的官越做越小，最后乌纱帽被摘了，甚至还变成了通缉犯。

曹操本来还可以自我安慰：我这是为了正义，我要和邪恶做斗争；和邪恶做斗争，总是要牺牲点个人利益的。现在却因为误会，杀害了吕伯奢一家八口。滥杀无辜，还算什么正义人士？

在此之前，曹操一直想要和这个黑暗的时代保持距离，保持自己内心的清白，从而改变时代，道济天下之溺。但是俗话说得好：常在河边走，哪能不湿脚？既然湿了脚，不如下河洗个澡。曹操错杀了吕伯奢一家八口，心一横，决定“下河洗个澡”。要想在这个黑暗的时代生存，只有一个办法：你黑，我要比你更黑。只有你变得比所有人都黑，你才能笑到最后。

《三国志》注引孙盛《杂记》记录了曹操杀人之后的挣扎与决绝：“既而凄怆曰：‘宁我负人，毋人负我！’遂行。”他满怀悲伤、痛苦，但又决绝地说：“宁可我对不起别人，绝不能让别人对不起我！”

“遂行。”说完这句话，他仿佛卸下了最沉重的心灵包袱，轻蔑地看了眼满地的尸体，毅然决然地走了。从此，再也没人见过曹操的真面目。

他与过去的自己彻底决裂，偏离了正轨，走上了人生的岔道。

当一个聪明人决定变坏的时候，他可以变得比以前暗算他的人更加阴险毒辣，比以前陷害他的人更加残忍冷酷，比以前打压他的人更加迷信武力、蛮不讲理。曹操是何等聪明的一个人！所以曹操后来打袁绍，赶尽杀绝；挟持汉献帝，心狠手辣；屠杀手无寸铁的老百姓，十几万人被杀到鸡犬不留，而他眼睛都不眨一下。这就是转型以后的曹操。我们读历史至此，看到曹操“转型成功”，攻必克战必胜，无往而不利，请问大家一个问题——

你觉得曹操是进步了，还是退步了呢？

合上书，想一想，再看下文。

人生的三层境界

这个问题没有标准答案，每个人都可以有自己的思考。

或许会有人认为：曹操既然成功了，那肯定是进步了。哪有成功了反而是退步的呢？

前文讲过，中国传统文化不看重利害，不看重成败，看重的是“道”。曹操没有信心也没有毅力继续坚持道义，只能退而求其次追逐成败。他退步了。

《史记·孔子世家》记载了一则小故事：孔子周游列国，在陈国和蔡国之间遭遇了一次大劫，叫“陈蔡之厄”。因为一场误会，孔子师徒被一群歹徒包围了，一连好几天没吃没喝。“弟子有愠心”，学生们心理开始动摇：我们跟着老师周游列国，前途到底在哪里？老师的这一套学说和理论，到底对不对？为什么那些毫无底线的人可以轻摇唇舌，取官爵利禄如拾草芥般简单？为什么我们坚守道义，却到哪个国家都不受欢迎，惶惶如丧家之狗？

孔子看到这个情况，就把他最杰出的三个弟子——子路、子贡、颜回叫到一起，以此来考验他们的层次。孔子问："咱们坚持的'道'错了吗？为什么沦落到这种地步呢？"（吾道非耶？吾何为于此？）

子路首先回答："老师，我觉得咱们的'道'可能真有问题。也许是我们还不够仁德吧，要不为什么人家都不相信我们呢？或者是我们不够聪明，否则人家为什么不照我们说的那样去做事呢？"（意者吾未仁邪？人之不我信也。意者吾未知邪？人之不我行也。）

子路是孔子的弟子中最勇猛的一个，武力值高，打架很厉害。但是他这番话却说得很软弱。他认为：如果我们是对的，那别人就会听我们的话，按照我们说的做；别人不听我们的，那就说明我们是错的。子路把衡量对错的标准完全交到别人手上，自己没有一个主心骨，连是非都分不清楚。由此可见，子路是三个弟子中最软弱的一个，他的境界是最低的。

孔子当然不会赞同这种说法。他教训子路说："子路啊，如果有仁德的人一定会被人家信任，伯夷、叔齐怎么会被饿死在首阳山上呢？如果有智慧的人一定能做成事情，又哪里会有王子比干被挖出心脏这样的惨剧呢？"（有是乎！由，譬使仁者而必信，安有伯夷、叔齐？使知者而必行，安有王子比干？）自己的"道"正确与否，和别人怎样对待你，是没有必然关系的。

孔子又问子贡："你说说吧。"

子贡说："老师，咱们的'道'应该没有问题，但是可能太崇高了，一般人接受不了。要不咱们妥协一下，把'道'改造一下，让一般人能够接受它，您看怎么样？"（夫子之道至大也，故天下莫能容夫子。夫子盍少贬焉？）

子贡比子路强一点，他没有怀疑“道”，他知道自己坚持的“道”是对的。但是他想向现实妥协了，因为他没有勇气坚持一个百分之百正确但是不能被别人接受的东西。他提出的方案是：我心中知道自己是对的，但是为了迎合别人的口味，不妨稍微折中一下，稍微妥协一下。只要达到将“道”推销出去的目的，那么稍作变通也是值得的。

这个方案对普通人而言诱惑很大，足以令人心旌动摇。但是，须知：能为迎合别人而退让一步，就能毫无底线地一退千里；能自欺欺人地湿一湿脚，就能毫无顾忌地下河洗澡。

刘备临死前，专门叮嘱儿子：“勿以恶小而为之，勿以善小而不为。”（《三国志·先主传》注引《诸葛亮集》）说起来容易，做起来谈何容易？

孔子对此是什么态度呢？他回答子贡说：“子贡啊，好的农夫和工人，都只能做自己职分之内能做到的事情，把它做好，做到极致。”（赐，良农能稼而不能为穑，良工能巧而不能为顺）。做君子也是一样的道理。君子要“修其道，纲而纪之，统而理之，而不能为容”。在天下礼崩乐坏之际，君子的职责就是坚持自己的“道”，以自己的力量匡扶天下，绝对不可以向不合理、不正常的世道妥协半分。

曹操就止步于子贡的层次。曹操知道什么是对、什么是错，但是为了更容易实现目标，他向现实妥协了。

孔子又问颜回。颜回说：“老师，不能坚持‘道’，是我们的错；我们坚持‘道’，他们不听我们的，是他们的错。为什么要用别人的错误来惩罚自己呢？”（夫道之不修也，是吾丑也。夫道既已大修而不用，是有国者之丑也。）颜回是孔子弟子中最体弱多病的一个，但是他的境界最高，也最勇敢，他达到了佛家所谓“勇猛精进”的境界。

什么是对，什么是错，人人心里都清楚；但是坚持一个对的东西，终生不渝，有多困难，从这个故事中可以得到深切的体会。孔子弟子三千，个个都是时代的精英，但是只有颜回一个人做到了始终相信“道”、坚守“道”。

曹操已经算得上汉朝末年最优秀的人物之一，都只能退而求其次。三层境界，扪心自问，你能达到第几层呢？诸葛亮又能达到第几层呢？这个问题，留待后文展开。

有人可能觉得：曹操向现实妥协，也无可厚非。只要最后能够成功地统一天下，结束战乱，为苍生造福，又何必管他的手段是善是恶呢？要知道，如果是一个普通人不择手段追求成功，当然也不好，但是产生的负面效果还不算很大。但曹操是汉朝末年的领袖人物之一，他的一举一动全天下都在关注着，他的影响力是非常大的。他选择的道路，只要稍有偏差，失之毫厘、谬以千里，造成的恶果是难以想象的。

那么，曹操选择的道路到底有什么弊端呢？曹操的所作所为会对诸葛亮造成什么样的影响呢？

曹操的致命问题

东汉末年最大的危机，是政权即将瓦解、文明即将土崩。在诸葛亮之前，已经有无数的英雄豪杰、有识之士付出了自己的努力，试图解决这个危机。其中，成就最大的一个人是曹操；问题最大的一个人，也是曹操。

那么，曹操最大的问题是什么？

评价一个人出了什么问题，要看站在什么角度来作评价。站在曹操的角度，他可能觉得自己没什么问题，很完美。要真说有什么问题，曹操可能觉得：我还不够心狠手辣，要是当年再狠一点，直接弄死刘备，那就没有后来三分天下，自己两头辛苦那么麻烦了。但是中国传统政治文化讲究的是“道”，而曹操恰恰相反，他站在了“道”的对立面，他想用“诈”

和“力”统一天下。诈，就是权谋，阴谋诡计；力，就是暴力，军事实力。在战场上，兵不厌诈，靠拳头说话，运用诈和力也无可非议；但是曹操过于迷信诈和力，造成了非常恶劣的影响。

先说诈。

曹操喜欢用诈术，在历史上是出了名的。他不光对敌人用诈术，对自己人也用诈术。举个例子。《三国志》注引《曹瞒传》记载了这么一个故事：

曹操有一次行军打仗，粮食不够吃了。曹操把粮草官找来，问：“这怎么办呀？”粮草官说：“我换小斗给战士们发粮食，您看怎么样？本来我们是用大斗发的，只能发十个人的粮食，现在大斗换小斗，够发二十个人了，可以解一时的燃眉之急。”曹操说：“善。”你太有才了，就照你说的办。

没过多久，大家就发现其中的猫腻了，军队里面炸了锅。曹操一看，形势不妙，又把粮草官找来，质问他：“你惹的祸，你看这怎么办？”

粮草官说：“我哪有办法呀？再说当初还不是您批准的？您要不批准，借我十个胆子我也不敢这么干呀！”

曹操说：“我倒是有个办法可以化解这场危机，就是要借你一样东西。”

粮草官说：“你要借啥？”

曹操说：“借你的脑袋。”

曹操刚说完，就让手下把粮草官推出去斩了，把头砍下来示众，还在旁边亲笔写了一行字：“粮草官偷换小斗，中饱私囊，特此斩首示众。”大伙儿一看，曹操果然明察秋毫、执法严明，也就不闹腾了，一场危机就此化解。

从这件小事就可以看出曹操的残忍和狡诈。

《孟子》说：“行一不义，杀一不辜，而得天下，皆不为也。”为了得到天下，哪怕去做一件违背道义的事情，哪怕去杀死一个无辜的人，这都是仁人君子所不屑的。在现代人看来，这种观点好像太迂腐了。为了早点统一天下，结束天下人的苦难，杀死一个无辜的人又算什么呢？但是，中国传统政治之道讲究的是“为政以德，譬如北辰”，领袖人物的一言一行，就好像挂在天上的北极星，天下人都看得清清楚楚；“居其所而众星拱之”，领袖人物的品德正了，大家也都各安其位；领袖人物的位置歪了，那整个时代都将充满歪风邪气。

东汉末年面临着土崩瓦解的局面，搞不好，世道人心就要败坏，文明就要崩溃。曹操在这个节骨眼儿上玩阴谋诡计，那人心就彻底坏了。人心一坏，文明土崩，政权瓦解。曹操玩诈术，本身好像是一个小问题，没什么危害，但是把时间轴拉长，危害就非常显著。这在西方，叫“蝴蝶效应”；在中国，叫“失之毫厘，谬以千里”“作始也简，将毕也巨”。这绝非危言耸听，后来历史的发展就是证明。

曹操名义上辅佐汉朝，实际上“挟天子以令诸侯”，玩的是骗人的把戏，树了一个坏榜样；

曹操的儿子曹丕有样学样，以所谓“禅让”的名义篡夺大汉江山，继续骗人；

曹丕身后，司马懿祖孙三代篡夺曹魏的江山社稷，欺负曹家的孤儿寡母，完全是以曹操当年为榜样；

司马氏的子孙将来被人篡夺皇位的时候，下场更凄惨。

……

汉末至魏晋的政治和社会风貌简直是每况愈下、一代不如一代。追根溯源，曹操作为始作俑者难辞其咎。

曹操用诈术，一开始好像把大家都骗过去了，但是孔子说：“吾谁欺，欺天乎？”（《论语·子罕》）你骗得了谁呢？骗得了老天爷吗？骗得了历史吗？用诈术虽然能够一时得逞，但也会触发历史的“蝴蝶效应”，回过头来，报应在后世子孙的身上。

这就是以诈取天下的危害。

再说力。

军阀混战的时代，杀戮是不可避免的，但是曹操的残忍和嗜杀显然超过了必要的限度。比如，在官渡之战中，曹操俘虏了一千多名袁绍的士兵，他下令把这一千多人全部杀死，把鼻子全割下来，再把一千多个血淋淋的鼻子送至袁绍军中，以收到恐吓的效果。官渡之战胜利以后，曹操又把八万名袁军俘虏全部活埋。

上有所好，下必效之。曹操手下有个叫王忠的，军队没粮食了，曾经杀人来吃。曹操的儿子曹丕听说了这件事，派人开坟掘墓挖一个骷髅出来，系在王忠的马鞍上，以此来取乐（《三国志・武帝纪》注引《魏略》）。在曹丕的“以此欢笑”中，我们读出来的是对人的麻木，对生命的冷漠。

什么样的人有资格统一天下？《孟子》说：“不嗜杀人者能一之。”只有不喜欢杀人的人，才能统一天下。秦始皇嗜杀人，得了天下，短短十余年就身死国灭、断子绝孙。有人说，打天下怎么可能不杀人呢？杀人是不可避免的，但是杀人也必须是不得已而为之的，不能“嗜杀人”，不能喜欢杀人。像曹操这样嗜杀的人，像曹丕这样以杀人为乐的人，怎么能统一天下呢？

曹操父子不但喜欢杀人，生活作风也有问题。曹操打一个小军阀张绣，张绣投降。曹操进城之后，接管胜利果实。他忽然发现：张绣的叔叔死了，留下一位寡婶，长得很漂亮。曹操兴致一来，便霸占了这位寡婶。张绣不堪其辱，奋起反抗，给曹操造成了巨大的损失——长子曹昂、侄子曹安民、爱将典韦都在这场兵变中战死。曹操打吕布，事前听说吕布有个部下叫秦宜禄，其妻长得很漂亮。他打败吕布，立刻把秦宜禄妻纳入自己的后帐。曹操打袁绍，打赢以后，听说袁绍有个儿媳妇叫甄氏，是个著名的大美女，所以第一时间命令手下：“把甄氏给我找来！”结果手下回来禀报：“对不住，您的大公子曹丕已经抢先一步了。”曹操一拍大腿后悔万分：“今年破贼正为奴！”我打仗打这么辛苦，竟然便宜了这小子！你看这一对父子，抢别人的城，屠杀男人，霸占女人，完全是一种强盗行径。

所以，从中国传统的德政文化来看，曹操虽然打仗厉害，但他的所作所为不符合道义，是一个不合格的统治者。

更令人无奈的是，在公元 208 年，赤壁之战前夕，曹操父子已经统一北方，正率领大军南下，想要用武力来统一天下。不管你喜不喜欢曹操的统治方式，不管你对曹操的欺诈和暴力是否反感，都只能够无条件地接受这个残酷的现实。天下的老百姓根本没有选择。因为没有人打得过曹操，没有人能够抵挡得住曹军的铁蹄。

这就是诸葛亮出山的背景，也是时代留给诸葛亮的难题。

宋人苏轼的《诸葛亮论》云：“曹操趁着汉室的衰危，利用土崩瓦解的局势，实现他个人不可告人的奸心。诸葛亮对此十分反感，想要为天下伸张大义。”（曹操因衰乘危，得逞其奸，孔明耻之，欲信大义于天下。）这个看法不免于忠奸二元对立的简单叙事，也没有看到曹操及其的复杂性。实际上，曹操年轻的时候，何尝不想“信大义于天下”？作为时代的最强者，他心有不愿、力有不能，故退缩了而已。

但苏轼的观察，总体是很有见地的。曹操是诸葛亮的背景。曹操止步之处就是诸葛亮力求突破的关口。曹操非但止步，还推波助澜，为本就向下的时代制造了新的恶。诸葛亮要做的就是力矫曹操的过失。

第三章　南阳卧龙

汉道昔云季，群雄方战争。霸图各未立，割据资豪英。
赤伏起颓运，卧龙得孔明。当其南阳时，陇亩躬自耕。

——〔唐〕李白《读诸葛武侯传书怀赠长安崔少府叔封昆季》

诸葛家的龙虎狗

历史发展到这个时候，终于轮到诸葛亮出场了。

诸葛亮，字孔明，东汉灵帝光和四年（公元 181 年）出生于徐州琅琊阳都县，也就是今天山东临沂的沂南县——诸葛亮是一个山东大汉，生于齐鲁之邦。

汉代去古未远，齐鲁文化的风俗仍然残存。《汉书·地理志》说齐国人大多“好经术，矜功名，舒缓阔达而足智”，喜欢学问，热衷于建功立业，性格舒缓，境界开阔通达，并且富于智谋。一方水土养一方人，这些乡邦赋予的品质，在诸葛亮身上都有不同程度的体现。

诸葛亮出生于一个还算殷实的士族家庭。他的祖上是西汉的司隶校尉诸葛丰，以刚直见称，在《汉书》有传。他的父亲诸葛珪，曾担任泰山郡丞。照理来说，生在这样的家庭，虽不至于大富大贵，但至少可以享受良好的教育。但诸葛亮命运非常坎坷：两三岁的时候，母亲就去世了；八岁那年，父亲也去世了，由叔父诸葛云照顾诸葛亮及其兄弟姐妹。诸葛亮成了孤儿。三国时代的很多英雄豪杰都是孤儿（古时幼而丧父就称“孤”），像刘备、孙权，都是很早就没了父亲。但是诸葛亮这样从小父母双亡的孤儿，还是很少见。

这还不算最惨，更惨的在后面。

诸葛亮上面有个哥哥叫诸葛瑾，下面有个弟弟叫诸葛均，还有个堂弟叫诸葛诞。诸葛瑾、诸葛亮、诸葛诞这哥仨，在三国时代非常了不起。东汉灭亡以后，天下分为魏、蜀、吴三个国家，诸葛亮在蜀国做丞相，一人之下万人之上；诸葛瑾在吴国做大将军，军界的一号首长；诸葛诞在魏国做征东大将军，都督扬州诸军事，翻译成大白话就是扬州军区的司令员，一方封疆大吏。

《世说新语》记载当时人的评价，说诸葛氏一家出了龙、虎、狗三个人物：蜀得其龙，就是诸葛亮；吴得其虎，就是诸葛瑾；魏得其狗，就是诸葛诞。“一门三方为冠盖”，一个家族的成员在三个国家同时做到了省部级以上的高官，这在整个中国历史上都是很罕见的。

诸葛三兄弟混得这么好，为什么说他们坎坷呢？读历史不仅要读到光鲜亮丽的纸面，还要从没有文字的地方读出信息。

首先，诸葛兄弟生活在东汉末年，是乱世，尤其是诸葛亮和诸葛瑾两兄弟，自身从小父母双亡，是孤儿——他们是乱世孤儿。俗话说：“宁为太平犬，莫做乱离人。”宁可做太平盛世的一条狗，也不要做乱世的一个人，更何况是乱世的孤儿。吃得苦中苦，方为人上人。诸葛兄弟能在乱世成为人中龙凤，背后尝了多少辛酸苦楚，付出了多少异于常人的艰苦努力，这是我们难以想象的。

其次，诸葛兄弟在魏蜀吴三国都做了大官——请问：兄弟三人为什么不在一起？他们为什么要到三个互相敌对的国家去？明明诸葛兄弟都是山东人，结果诸葛瑾跑到了江苏南京找工作，诸葛诞跑到了河南洛阳讨生活，诸葛亮更悲剧，穿越大半个中国跑到四川成都，连语言都不通。原因何在呢？

有个很有趣的传说，说这是诸葛三兄弟商量的结果。因为当时天下三分，分成魏蜀吴三个国家，三兄弟就关起门来坐一桌商量，说："看哪个国家最有潜力，将来谁能统一天下，我们就去投奔谁吧！"讨论了半天，搞不清楚谁能统一天下，怎么办呢？最后诸葛亮就说："老大，你去吴国；老三，你去魏国；我呢，去蜀国。我们不能把鸡蛋放在一个篮子里，一旦篮子翻了就全完了。我们要把鸡蛋放在三个篮子里，不管谁统一天下，都有咱们诸葛家的份儿，到时候统一的这一家要照顾另外两家。"结果没有料到，魏蜀吴谁都没有统一天下，晋朝统一了，诸葛兄弟的如意算盘打翻了。

这种传说，听一听，笑一笑，就算了，不能当真。

诸葛三兄弟会到三个不同的国家去做官，不是事先理性设计的安排，而是被动地听从命运安排的结果，是时势使然。"一门三方为冠盖"，听起来很牛，实际上是兄弟三人背井离乡、流离失所、天各一方，反映的是渺小的个人在乱世旋涡之中的无能为力。

灭门惨案的蝴蝶效应

诸葛亮离开家乡的时间，是公元 194 年。这一年，在诸葛亮的家乡徐州琅琊发生了一场灭顶之灾。正是这场灭顶之灾，逼迫十四岁的诸葛亮背井离乡，从此再也没有回过家乡；也正是这件事情，把曹操、刘备、诸葛亮三个人的命运第一次联系到了一起。下面，就让我们穿越历史的重重迷雾，回到事发现场，近距离观察乱世之中人物的命运。

公元 193 年，徐州发生了一起灭门惨案，被灭的竟然是曹操家——严格来讲，是曹操的父亲曹嵩一家。

曹嵩一家，为什么会出现在徐州？

汉末天下大乱，曹操在中原浴血奋战，非常危险，所以把父亲曹嵩送到徐州琅琊郡避难养老。琅琊郡，也就是诸葛亮的家乡，当时远离战火，比较安全。后来曹操在中原取得了一块立足之地，觉得有能力保护老父亲了，就给他爹写了一封信，说你就别在外面担惊受怕了，快来吧，儿子我罩着你。曹嵩接到信，非常高兴，于是把金银财宝都打包好了，准备去投奔自己的儿子。

曹嵩打包了多少金银财宝呢？根据史书的记载，装了整整一百多辆车。曹嵩带着全家，押着一百多辆车的金银财宝，高高兴兴往儿子那儿赶。

这可把一个人急坏了，这个人就是徐州牧陶谦。

陶谦觉得：你敢带这么多金银财宝招摇过市，你不怕把贼给招来吗？就算你不怕，我还怕呢。现在你儿子曹操这么猛，你要在我的地盘上有个三长两短，我得吃不了兜着走。我干脆好人做到底、送佛送到西，派一支军队来保护你，把你安全护送出界。

没想到所托非人，这支军队的长官起了邪念，走到半道上，实在是抵抗不住一百多辆车的金银财宝散发出来的诱惑气息。这个军官心想：我这辈子哪见过这么多钱啊，要是把这些金银珠宝都给劫了，那我后半辈子就吃喝不愁了！于是他屠杀了曹嵩全家，劫了财宝逃跑，从此以后下落不明。这个劫匪后来怎么样了，史书上再无记载。

父亲被杀，那还了得？曹操一怒之下，失去理性，率领军队攻打徐州。劫匪找不着，曹操就把气全撒在徐州老百姓的头上。根据《后汉书·陶谦传》记载，曹操在这一次战役中，制造了一场惨无人道的大屠杀，“凡杀男女数十万人，鸡犬无余，泗水为之不流”。一共杀害了几十万手无寸铁的老百姓，鸡犬不留，尸体堆积如山，把今天山东境内一条叫泗水的大河都给堵住了。公元 194 年，曹操第二次攻打徐州，这一次战火终于烧到了诸葛亮的家乡琅琊郡。

曹操两次攻打徐州的时候，陶谦也没有闲着，他在向天下各路诸侯广发求救信：你们谁来帮帮我？可怜一下徐州的老百姓吧！可没人敢来。大伙儿都知道，曹操这次是杀红眼了，谁敢来蹚这趟浑水？

但天下并非无人。当时偏偏有一位英雄，看不过曹操的强横霸道，二话不说就来了。此人正是刘备。刘备当时手上只有一千人马。用一千人马，对抗曹操的虎狼之师，无异于飞蛾扑火、以卵击石。当时天下比刘备强大的军阀有的是，偏偏是最弱小的刘备来了。刘备不仅来了，而且居然拼死抵抗住了曹操的进攻。当曹操悻悻退兵的时候，他一定记住了城楼之上那个隐约的身影，那个落魄却自命皇族的男子。

这是两个绝代英雄的首次邂逅，今后他们将对抗到生命的最后一息。

刘备这个人物也很复杂，不能简单地以“仁义”二字评之。但在曹操退军的那一刻，他就是徐州百姓心目中“仁义”的化身，是举世无双的仁君、反抗强暴的义士，是乱世之中的一股清流。刘备这样一种急公好义的精神、虽千万人吾往矣的气魄，应该给少年诸葛亮留下了非常好的印象。

有的人读《三国演义》，看到刘备三顾茅庐请诸葛亮出山，天下三分，就感慨：如果曹操抢先一步来请诸葛亮就好了，就没刘备什么事了。这种想法是错误的，没有联系前因后果。曹操请诸葛亮，诸葛亮会出山吗？倒是不妨看看晋人葛洪《抱朴子》记录的一个传说：曹操派人请诸葛亮出山，诸葛亮谢绝。曹操只好自嘲道：“你这样品格高洁的人物，确实不应当委身在我这样污浊之人的朝廷当中。”（义不使高世之士，辱于污君之朝也。）故事未必是真的，道理倒并不假。刘备三顾茅庐，请得卧龙出山，绝非仅仅因为运气好。刘备和诸葛亮之间的因缘，早在十几年前就已经种下了。

刘备给少年诸葛亮，留下的是美好形象；曹操给少年诸葛亮，留下的却是心理阴影。经过曹操的大屠杀，徐州之大，已经放不下一张平静的书桌了。所以诸葛家族决定逃难。诸葛亮父母双双亡故，主持大局的是叔叔诸葛玄。公元 194 年，诸葛亮十四岁，诸葛玄留下老大诸葛瑾看家，自己带着老二诸葛亮、老三诸葛均，还有诸葛亮的两个姐姐，背井离乡外出逃难。从此以后，诸葛亮再也没有回过山东老家。大约六年以后，诸葛瑾在家乡也待不下去，只好“弃坟墓，携老弱”，跑到江东，投奔孙权。兄弟二人这一别就是十四年，直等到赤壁之战孙刘联盟，才能再聚。这是后话。

离开了徐州，诸葛亮才知道，当时的天下到处都是兵荒马乱、战火连天，一个长达四百年的乱世已经缓缓拉开序幕。

身后已无退路，前途一片渺茫。天地之大，哪里是乱世孤儿诸葛亮的容身之处呢？

太平宰相在乱世

在家靠父母，出门靠朋友。诸葛玄有一个非常厉害的朋友，不仅收留了诸葛玄叔侄，而且对诸葛亮的成长起了举足轻重的作用。这个人名叫刘表。

刘表，是东汉末年荆州的军阀。汉朝的南方沿长江顺流而下，可以分成三大板块：上游的益州、中游的荆州、下游的扬州，相当于今天说的西南地区、中南地区和东南地区。其中，又以荆州最为迷人。荆州，囊括今天的两湖大地，山川逶迤，风物灵秀，人物繁阜。长江横亘其间，将荆州一分为二，江北有富庶的江汉平原，江南则有云蒸霞蔚、气象万千的洞庭湖。荆州的人口，据《后汉书·郡国志》记录的汉顺帝时官方统计数据，有六百三十万人左右，占当时全国总人口的13%。刘表就是这一片大好河山的主人。

刘表是个什么样的人？用两个小典故来说明问题。

第一个典故，“刘表牛”。

《世说新语》记载，刘表在荆州养了一头牛，长得特别肥、特别大，重达一千斤。它每天吃的草料，是普通牛的十倍；但是让它干活儿，没走两步就气喘吁吁、汗流浃背，完全就是一头宠物牛。这头宠物牛在刘表手里宝贝得不行，每天给它洗澡、梳毛。后来刘表死了，曹操占领荆州，俘虏了这头牛。曹操是个非常实际的人，觉得这牛体格很大，却一点用都没有，还特别费草料，就把它宰了做成烧烤，手下士兵一人一串，分着吃了。所以，“刘表牛”就专指大而无用的东西。

第二个典故，“雅量”。

曹丕《典论》记载，刘表在荆州制作了三只酒杯，并给每只酒杯取了名字。最大的叫伯雅，伯就是老大的意思，能装七升酒；次大的叫仲雅，能装六升酒；最小的叫季雅，能装五升酒。当时的五升酒，大概有现在的两斤，也不少了。三个雅装满酒放在那儿，谁能喝掉其中任何一个，那就说明他酒量好，这叫有“雅量”。“雅量”这个典故，就是打这儿来的。

从这两个小典故中可以看出，刘表是位很老牌的名士，也是军阀中最有文化修养的一位。早在“党锢之祸”的时代，也就是曹操才二十岁、诸葛亮还没有出生的时候，刘表就已经成名了，是当时天下数得着的风度娴雅的名士。如今他坐拥荆州，成为一方之主，仍然不失名士风范，小日子过得很精致，养养宠物，给杯子起名字，无疑是个很有情趣的人。但是，刘表没有逐鹿中原的野心。刘表治理下的荆州就像他的那头牛一样，越养越大，越养越肥；然而，鲁迅说过：“倘是狮子，夸说如何肥大是不妨事的，倘是一头猪或一匹羊，肥大倒不是好兆头。”刘表把荆州越养越肥，最终会引起各家的觊觎。

当然，刘表也有他的优点。当时人评价刘表，说他是“平世三公才”。“三公”，就是东汉的宰相。如果放在太平盛世，刘表是做宰相的料。刘表没有野心，打仗不行，但是他把荆州的经济和文化搞得有声有色。尤其是荆州的文化事业非常繁荣。当时天下军阀忙于战乱，戎马倥偬之际，能有闲情逸致搞文化的独此一家。所以，在当时天下大乱的情况下，荆州对于诸葛玄叔侄五人来讲，简直是一方世外桃源，是最理想的避难所。

隆中十年的“黑匣子”

到了荆州没两年，诸葛亮十七岁时，叔叔诸葛玄死了。从此以后，诸葛亮、诸葛均兄弟找了个叫隆中的地方，隐居起来。

隆中，根据《三国志》裴松之注的记载，地理位置在今天湖北襄阳西边二十多里的郊野，汉代的行政区划属于南阳郡的邓县。所以诸葛亮在《出师表》中自述：“臣本布衣，躬耕于南阳。”究竟是“高卧隆中”，还是“躬耕南阳”？历史上，襄阳人和南阳人为了争夺诸葛亮隐居地，打了几百年的口水战，其实就是行政区划变更导致的问题。

这个地方为什么叫“隆中”？因为此地有座小山，中间微微隆起，故名“隆中”。《三国演义》描写隆中：“山不高而秀雅，水不深而澄清，地不广而平坦，林不大而茂盛。”笔者曾经到襄阳隆中寻访遗迹，感觉《三国演义》的描写和隆中的实际情况非常符合。在城市化高度发达的今天，隆中仍然僻处郊外，依山傍水、闹中取静，一如当年诸葛亮隐居时的样子。

诸葛亮从十七岁开始隐居，到二十七岁出山，一共在隆中隐居了十年。正是这十年时间，诸葛亮从一个少不更事的少年，通过不断努力，走向“道”的最高境界，成长为人称“卧龙”的一代完人。

今人读《三国演义》，看见诸葛亮出场的时候，已经是“卧龙”了。隆中隐居的十年，他干了什么，没人知道，就好像一个神秘的黑匣子一样。现在，我们就来拨开历史的迷雾，看一看诸葛亮在隆中隐居的十年，究竟干了什么？一代卧龙，到底是怎样炼成的？

诸葛亮隐居十年，主要干了三件事情。

第一，躬耕。

躬耕，就是亲自耕地。《出师表》自陈："臣本布衣，躬耕于南阳，苟全性命于乱世，不求闻达于诸侯。"《三国志·诸葛亮传》也说："亮躬耕陇亩，好为《梁父吟》。"《梁父吟》是山东的民歌，诸葛亮在青山绿水之间种种地、唱唱歌，非常逍遥自在。

诸葛亮亲自耕地，一是为了解决吃饭问题，诸葛亮没有收入来源，要想隐居，就只好自己动手，丰衣足食；二来，"耕读传家"是中国古代理想的生活方式。中国文化推崇的士大夫的理想状态，读书、生活，缺一不可。光会谋生不会读书，人生的境界就不高；光会读书不会生活，那就是书呆子。曾国藩的祖父在家庙里贴了一副对联："敬祖宗一炷清香，毕恭毕敬；教子孙两条正路，宜读宜耕。"后来曾国藩官做得那么大，在写给儿子的家书里面，仍然最关心两件事情：一是学会读书，二是学会生活。诸葛亮在隆中半耕半读，对他人格的养成起到了基础性的作用。

第二，联姻。

联姻，就是通过婚姻关系，使两个家族结为姻亲。今天的婚姻是青年男女私人的事情，家长只能干着急。但是古代不一样，婚姻不仅仅是两个人的事情。《礼记》有云："夫婚礼，万世之始也，取于异姓，所以附远厚别也。"从横向来看，婚姻是两大家族的结合；从纵向来看，婚姻是千秋万世血脉传承的开端，所以古人把婚姻看得很重。

中国古人讲究同姓不婚、异姓相婚。一是为了"厚别"：防止近亲繁殖。二是为了"附远"：两个家族，本来毫无关系，一个在云南腾冲，一个在黑龙江漠河，八竿子打不着，就因为两家的小孩结婚了，两个家族就结合到了一起，这叫"附远"。

诸葛亮在荆州，初来乍到、人生地不熟，要想在这里迅速站稳脚跟，联姻是一个好办法。诸葛氏通过联姻，与荆州最有实力的庞、黄、蒯、蔡四大家族都建立了联系。

蒯家是荆州地面上的大家族，有很多人在朝为官，比如蒯良、蒯越，都是荆州的显宦。曹操后来打下荆州，说："不喜得荆州，喜得蒯异度耳！"（《三国志》注引《傅子》）我得到荆州并不高兴，高兴的是得到了蒯越蒯异度。这个蒯越，就是荆州蒯家的头面人物。诸葛亮的大姐就嫁入了蒯家。

庞家也很牛。庞家的户主叫庞德公，是汉末著名的隐士。刘表曾经好几次请庞德公出山，比刘备三顾茅庐跑得还勤快。庞德公一概拒绝。有一次，刘表又来请庞德公，庞德公当时正在种地。刘表就很感慨，劝他说："老兄，你还是出山做官吧。你看你在这里隐居，生活这么苦，还要亲自下地。你不为自己着想，你也得为子孙后代想想呀。人家的爸都是当官的，死后能给孩子留下金银财宝。你将来死了，能给孩子留下什么呀？"庞德公回答："世人皆遗之以危，今独遗之以安。"（《后汉书·逸民传》）别人做官，给子孙留下的是危险；我不做官，给子孙留下的是安全。从中可以看出庞德公的志趣，也可以看出庞家在荆州的地位。庞德公还有个侄子，就是著名的"凤雏"庞统，和"卧龙"诸葛亮齐名，两个人后来都成了刘备的谋士。诸葛亮的二姐，就嫁给了庞德公的儿子。

和两个姐姐一样，诸葛亮在这十年中，也解决了自己的终身大事。他联姻的对象是黄家。

黄家的户主叫黄承彦，也是当地的名士。今天襄阳郊外有个地方叫黄家湾，和隆中一山之隔，传说就是黄承彦的故里。诸葛亮隐居隆中，和黄承彦算是邻居，一来二去，黄承彦就觉得这小伙子不错，是个潜力股。《三国志》裴注说黄承彦"高爽开列"，就是为人大大咧咧，不拘小节。黄承彦看上了诸葛亮，也不托人说媒，径自上门，开门见山就说："闻君择妇，身有丑女，黄头黑面，而才堪相配。"我听说你要找对象，我刚好有个女儿，可能长得比较对不起观众，头发是黄的，脸是黑的，但是很有才华，跟你刚好配一对儿，不知你意下如何？诸葛亮也非常爽快，当场答应。一对青年男女，就此喜结连理。

俗话说郎才配女貌，爱美之心人皆有之。诸葛亮条件这么好，为什么偏偏找了个丑女结婚呢？

黄家的社会地位，肯定是诸葛亮的考虑因素之一。黄家是荆州四大家族之一，另一个大家族是蔡家，蔡家有两个女儿，大女儿嫁给了黄承彦，小女儿嫁给了荆州牧刘表。所以，刘表是黄承彦的连襟，是诸葛亮的姨夫。刘氏是世代簪缨的名门显宦，黄氏是品格高洁的逸民高士，无论门第还是家风，都与琅玡诸葛氏十分般配。两个人门当户对，这应当是一个重要原因。

当然，更主要的原因是黄氏夫人才华出众，是相夫教子的贤内助。黄氏夫人到底怎么有才华？史书没有记载，民间有很多传说，我们可以看其中最早的一个。北宋诗人范成大写的《桂海预衡志》记载了一个襄阳的民间传说：诸葛亮家来客人了，诸葛亮就吩咐老婆去做面条待客。没多大会儿，面就端上来了。诸葛亮觉得非常纳闷儿：我记得家里没面粉了呀，只有小麦。要把小麦磨成面粉，再做成面条，得费好多功夫，你怎么就这么快呢？

为了揭开这个谜，诸葛亮故意又趁着家里没面粉的时候，请客人回家吃面。这客人说上次在你家吃过面了，咱吃别的行不行？诸葛亮说不行，就吃面。一到家就吩咐黄氏，你去下个面，客人等着吃面呢。黄氏前脚进厨房，诸葛亮后脚跟过来偷窥。不看不知道，一看吓一跳。原来厨房里有很多木头做的机器人，在帮着择麦子磨面粉。诸葛亮这才知道老婆的本事——我本以为只是个丑八怪，没承想却是个物理天才！诸葛亮于是向老婆虚心求教，后来利用这种机械原理发明了可以自动搬运粮食的木牛流马。这个传说肯定是虚构的，但是从中可以看出黄氏的聪明才智，以及她对诸葛亮的帮助之大。

诸葛亮通过三次联姻，和荆州四大家族都建立了联系。所以诸葛亮可以在隆中隐居十年，没有后顾之忧。

天才是先天生出来的，完人是后天学出来的

诸葛亮做的第三件事情，也是最重要的事情，就是学习。

现代人要想学习，非常方便。想买什么书，书店里都有；一部手机可以存几千本电子书，随时随地打开看。古代看书就没这么容易了。

汉朝的书主要写在竹简上。光一部《史记》，要抄一万多枚竹简，重量大约有五十公斤，卷起来放，要放两大书架，读起来非常困难。更何况东汉末年，天下大乱，太学关了，国家图书馆被烧了，书肆都倒闭得差不多了。要想找本书读，难上加难。但是刘表的荆州，为诸葛亮提供了非常好的学习条件。刘表这个人虽然打仗不行，但是搞文化教育是一把好手。别的军阀都在招兵买马的时候，他在高薪聘请学者，到荆州办学校、做学问。南宋的地理书《舆地纪胜》记载，在襄阳城南二里地，大概在今天南湖宾馆的位置，刘表办了所学校叫“学业堂”，当年诸葛亮曾经在这里上学。虽然不必指实其地、坐实其事，但不妨以“学业堂”为荆州教育的代名词，了解一下诸葛亮可能受到的教育。

太学关闭以后，学业堂就是当时全国的著名学府。学业堂有两大特点。

第一，师资力量非常雄厚。

学业堂有三百多位“洪生巨儒”在这里讲课，《刘镇南将军墓志》形容当时的盛况为：“虽洙泗之间，学者所集，方之蔑如也。”洙泗之间，是孔子讲学的地方，也是儒家大师云集的所在。就算是“洙泗之间”这样文化传统深厚的地方，都难和刘表办的学业堂相比。学业堂师资力量之雄

厚，由此可见一斑。这些洪生巨儒，构成了历史上的“荆州学派”。荆州学派是两汉经学向魏晋玄学转折的一个关节点。汉代经学看重门户之争，今文经学[1]与古文经学[2]两派间斗争很厉害，章句搞得很烦琐，荆州学派却偏于会通与简略。这对诸葛亮的学风有深远影响。

第二，教学内容非常全面。

太学，一般只教经学。刘表的学业堂，教的内容却很杂。《太平御览》引《荆州文学记官志》记载，学业堂的教学内容有：“训六经”，这是经学课；“讲礼物”，这是礼仪课；“谐八音”，这是乐器课；“协律吕”，这是音乐理论课；“修纪历”，这是天文课；“理刑法”，这是法律课。“六路咸秩，百氏备矣”，除了以上六门功课，还要学习诸子百家的思想。为什么学业堂教得这么杂？因为乱世来临，光学理论性的经学和礼乐肯定不行，没有经邦济世之才学，毕业了连工作都找不着。所以学法律、学天文、学诸子百家的思想，正是为了活跃思维、学以致用。荆州的学风较之汉代的官学，更偏重于“经济”，也就是实用。

诸葛亮在学业堂博览群书、刻苦学习，掌握了系统的知识和技能。后来诸葛亮会仰观天文，俯察地理，治国理政，行军打仗，发明创造，能说会道、能算会写，还懂音乐、会唱歌、会画画、会做菜——这不是我编的，也不是小说家的虚构，而是有历史记载的事实。清代的乾隆皇帝自诩“十全老人”，也就是中国历史上最完美的老头，一辈子谁也不服，就服诸葛亮。他在评论琅琊自古以来的名人时，写了一句诗：“端推诸葛是完人。”大意是说：琅琊自古人才辈出，无论是晋代的王祥、王览父子（王羲之的祖先），还是唐代的颜杲卿、颜真卿兄弟，都了不起。但只有

1 今文经学：两汉时期以儒家经书研究而形成的今文学派。今文经，指汉初由老儒背诵，口耳相传的经文和解释，由弟子用当时的隶书记录下来的经典。

2 古文经学：经学中研究古文经籍的学派。古文经，指秦始皇焚书期间民间儒生埋藏的儒家经书，以先秦时期六国文字写成。

诸葛亮，才是真正的“完人”。中国文化不推崇天才，只推崇完人。天才是先天生出来的，完人是后天学出来的。《论语》二十篇，以“学而”居首；《荀子》三十二篇，以《劝学》开篇。其中意涵值得熟味深思。

有人可能觉得不公平：我也在每天学习，为什么没有变成“完人”？别说现代人了，当年学业堂一千多的学生，真正学到诸葛亮这个地步的，绝无仅有。同样在学业堂，跟同样的老师，学同样的内容，为什么结果天差地别？今天很多父母，也有同样的困扰，甚至怀疑自家孩子遗传基因是不是不太好，其实并非如此。决定学习效果的因素有两个：第一，抱着什么样的志向学习；第二，运用什么样的方法读书。

那么，诸葛亮有哪些独特的学习方法值得今人借鉴呢？诸葛亮在隆中隐居十年，他的志向究竟是什么？

第四章　志存高远

夫君子之行，静以修身，俭以养德。
非淡泊无以明志，非宁静无以致远。
夫学须静也，才须学也。
非学无以广才，非志无以成学。

——〔蜀汉〕诸葛亮《诫子书》

宁静，是学习的第一法门

诸葛亮在隆中隐居十年，通过联姻站稳了脚跟，通过学习提升了自我，臻于完人之境。那么，诸葛亮究竟有什么学习的秘诀？我把诸葛亮学习法概括为三条秘诀，你要学会了，你也能行。

诸葛亮学习法的第一条秘诀：宁静致远。

诸葛亮临死之前，给八岁的小儿子诸葛瞻写了一封《诫子书》，一共只有八十六个字，却堪称字字珠玑，不妨全文引录：

夫君子之行，静以修身，俭以养德。非淡泊无以明志，非宁静无以致远。夫学须静也，才须学也。非学无以广才，非志无以成学。淫慢则不能励精，险躁则不能治性。年与时驰，意与日去，遂成枯落，多不接世，悲守穷庐，将复何及！

在《诫子书》中，诸葛亮透露了自己的学习秘诀。这段话逻辑上的起点是这四个字："才须学也"。一个人的才华不是天生的，而是后天学出来的。诸葛亮是后世公认的天才。就连天才都认为才华并非天生，而是后天所学得，足见后天学习的重要性。

那么，怎么学出才华来呢？“学须静也”，要宁静，才能成学。所以，“非淡泊无以明志，非宁静无以致远”。宁静致远，一般都理解为一种只可意会的心境，这里却说是一种可操作的学习方法，可能不太好理解。举一个例子来看。

北宋的王安石有一篇名文《伤仲永》，说的是他老家江西有一户姓方的人家，世世代代都是农民。方家生了个孩子，叫方仲永。五岁的时候，方仲永突然哭着闹着要笔墨纸砚。大人觉得奇怪，咱家只有锄头，哪有笔墨纸砚？再说我们也从来没教过你写字啊，你要笔墨纸砚干吗？小孩哭得不行，他爹没办法，就找隔壁秀才家借了一副文具给方仲永。方仲永拿过笔来，当场写了一首诗。他爸也不认识字，就找秀才来看。秀才一看，大吃一惊：神童，鉴定完毕。这孩子太聪明了，虽然写的诗也不能说有多好，但是五岁的孩子能不尿炕就不错了，居然还能写诗，而且还押韵，意思也通顺。不得了，老方家出了个天才。方仲永的爸不信：别是一次性的吧？为保险起见，再试一次。大家又出了个题目，让方仲永写诗。方仲永当场又写了一首，“文理皆有可观者”，文笔不错，还有一定的思想性。这下方仲永出了名了，大家都知道有个五岁小孩会写诗，争相来看。还有地方上的土豪，出钱请方仲永去表演。方仲永的爸觉得有利可图，就领着小孩巡回演出。

过了十五年，王安石回老家，问：“当年那个会写诗的神童怎么样啦？”家里人摆摆手，嗐，别提了，“泯然众人矣”，和普通人没什么分别了。

为什么方仲永会“泯然众人矣”？因为他不能“静”。“才须学也，学须静也”，静下心来才能学习。方仲永的爹仗着儿子是天才，只知道带着儿子在喧嚣的人群中辗转表演谋利，不知道让儿子读书学习增进才华。自从方仲永的天分被发现以后，就一直在消耗自己的天分，而没有后天的积累和吸收，光有支出，没有半点进账，当然就止步不前甚至倒退，不能到达人生境界的至高至远之处。所以说“非宁静无以致远”。

身处扰攘的汉末乱世，树欲静而风不止。每天都有大新闻，层出不穷的风声扰动着人们的耳目，撩拨着人们的心弦。即便是当时的最高学府、思想圣地洛阳太学，学风也早已浮躁不堪，人们都释书不读，转去高谈阔论。《后汉书》记载，汉末有位太学生仇览，每天在宿舍刻苦读书，完全不参与同学的卧谈。有个同学就忍不住问："今京师英雄四集，志士交结之秋，虽务经学，守之何固？"如今天下英雄会聚京城，正是有志之士结交朋友的最佳时机，你却拒绝参加一切社会活动，每天抱着书死读，有什么用呢？

太学生们的行事风格尚且如此，不难窥见当时社会风气的浮躁喧嚣。

大作的狂风，总有一天会停息。借着狂风漫天飞舞的无根浮尘，总有一天会尘埃落定。只有如《庄子》说的，收敛枝杈，拒绝随风起舞；深扎树根，汲取底层的养分，"深根宁极而待"，才有足够的定力与能力在沧海横流之际，力挽狂澜，彰显英雄本色。

如果你是诸葛亮，眼瞅着你的同学们，这个在曹魏集团找了份好工作，那个在孙吴公司谋了份好差事，你坐得住吗？你的书还读得进去吗？板凳坐得十年冷，文章不写一字空。诸葛亮如果没有宁静的心态，不能远离浮躁喧嚣的乱世，那是不可能在隆中隐居十年、学习十年的。宋代大儒朱熹也评价《诫子书》："静便养得根本深固，自可致远。"（《朱子语类》）正是对"宁静致远"这种学习方法的肯定。所以，宁静致远，这是诸葛亮学习法的第一条秘诀。

师友砥砺，是最好的磨刀石

第二条秘诀：以文会友。

《礼记》有云："独学而无友，则孤陋而寡闻。"要是一个人学习，没有朋友，难免孤陋寡闻。当然了，这种朋友肯定不是吃吃喝喝的酒肉朋友，而是能够互相切磋琢磨、提高个人知识道德修养的良师益友。《论语》有云：“君子以文会友，以友辅仁。”君子以学问交朋友，让朋友帮助自己进步。诸葛亮在隆中十年，交了很多师友，比如司马徽、徐庶、崔州平、石广元、孟公威。我们举其中具有代表性的一师一友来看。

师的代表，是司马徽。

司马徽是荆州的隐士，有知人之明，人称“水镜先生”，形容他像水一样公平，像镜子一样明亮，可以轻易鉴照出一个人的妍媸良莠。但是东汉末年天下大乱，司马徽为了明哲保身，故意装出一副傻乎乎的样子。别人跟他说话，不管说什么，他都说好。有个人跟司马徽聊天，说到自己的儿子死了。司马徽说：“很好。”这个人走后，司马徽的妻子就埋怨他，说人家是信任你，才跟你说他儿子死了，你怎么能说好呢，叫人家多难受？司马徽说：“你这个意见也很好嘛。”所以司马徽得了个外号，叫“好好先生”。可是，司马徽虽然装痴卖傻，肚子里却有真学问。诸葛亮经常和他来往，向他请教。司马徽的年纪比诸葛亮大很多，他和诸葛亮的关系在师友之间。

友的代表，是徐庶。

徐庶家境贫困，年轻的时候喜欢“任侠击剑”，仗剑天涯，快意恩仇。有一次，他的一个兄弟被人杀了。徐庶在脸上抹上石灰粉，披头散发去为兄弟报仇，一刀把仇人宰了，正想跑路时被官差活捉。官差见他满脸涂着石灰粉，看不清长相，就问他：“你叫什么名字呀？”徐庶咬紧牙关，一个字也不肯说。官差没办法，把他绑在车上，上街游行，沿途问有谁认识他。老百姓中有的认出这人是徐庶，但都知道他是混黑道的，于是谁都不敢开口回答。等押着徐庶的车来到行刑地点后，徐庶的几个兄弟联手劫法场，把徐庶救走了。

徐庶大难不死，非常后怕。他反思自己此前的人生，觉得这二十多年过得浑浑噩噩，不知道在干什么。照这样下去，总有一天会横死街头，一无所得。大丈夫在世，生当扬名立万，死当青史留名，怎么能像一个小混混一样毫无尊严地死去呢？这是徐庶不能接受的。所以他痛下决心，要洗心革面、重新做人。他把家里的武器，什么刀枪剑戟斧钺钩叉，全扔了，换了一身文人的打扮，进学校学习。同学们知道这人以前是混黑道的，谁都不愿意跟他来往。要换了徐庶以前的暴脾气，先打残一个再说。但是现在徐庶的志向已经不一样了。他想："你们瞧不起我，我就打你们，这不正好证明我是混混，你们不就更瞧不起我了吗？"所以别人越是看不起他，他就越是谦虚谨慎、彬彬有礼，每天大清早起床打扫教室，同时刻苦读书，表现出一个真正的读书人的修养。要知道，徐庶原本绝非善茬，他当年闹市杀人，眼睛都不眨一下；如今折节向学，而能屈己事人，从中可以看出他的隐忍与志向。后来，徐庶果然学有所成。

值得注意的是，徐庶折节向学的事情，大约发生在汉灵帝中平末年（约公元 189 年）。换言之，如果这时候徐庶是二十岁，那么他大概比诸葛亮大十多岁。所以两人的关系理当也在亦师亦友之间。

宋儒修行，讲究"师友夹持"。诸葛亮在隆中隐居耕读十年，与司马徽、徐庶等师友过往甚密，每日里切磋砥砺。人生如刀，越磨越利。他晚年回忆，还对这些益友念念不忘："我早年的好朋友崔州平，总是直言指正我的缺点。后来结交了徐庶，又常常得到教诲。"（昔初交州平，屡闻得失；后交元直，勤见启诲。）

这些朋友不仅是学问上的良友，也是志同道合的知己。诸葛亮隐居隆中，自诩管仲、乐毅的时候，时人都觉得他在说大话，唯有徐庶、崔州平能够理解。李白诗云："武侯立岷蜀，壮志吞咸京。何人先见许，但有崔州平。"诸葛亮执政蜀汉、北伐中原之际，他的才能和志向，天下谁人不知、谁人不晓？诸葛亮身死之后，地位与日俱隆，人们都不吝惜最高的赞誉，称他为伊尹、太公。但这些事后的溢美之词，在诸葛亮心中的分量，哪里抵得上当年崔州平的认可呢？

一个人的隐居与苦学是非常孤独的，非有大志向、真毅力者不能坚持。以常理揣度，诸葛亮年轻的时候，想来也会有不为人知的苦闷与动摇。但是，“德不孤，必有邻”。正是徐庶、崔州平的认可与陪伴，他的耕读生涯不至于太寂寞。

笑而不语，透露无声的志向

应该说，诸葛亮的这几个朋友，徐庶、崔州平、孟公威、石广元等人，也能够宁静致远，也能够以文会友，但是他们的成就没有诸葛亮大。这是什么原因？因为诸葛亮学习法，不只有以上两条秘诀，还有第三条。

这三条秘诀，会了前两条，可以到达徐庶这个层次；而只有会了第三条，才能到达诸葛亮的层次。第三条秘诀，就是拉开差距的关键原因。

诸葛亮学习法的第三条秘诀是什么？四个字：志存高远。

诸葛亮曾经写过一篇《诫外甥书》，开头就说：“夫志当存高远。”从徐庶的故事可以看出，他的志向已经非常高了，但是诸葛亮的人生境界之高、志向之大、自我要求之严，还远在徐庶之上。

《三国志·诸葛亮传》注引《魏略》记载，诸葛亮、徐庶、孟公威、石广元四个人一起读书。“三人务于精熟”，徐庶他们三个追求“精熟”，这个字什么意思，那句话怎么解释，都要掰开揉碎细细琢磨，恨不得全篇倒背如流。诸葛亮呢？“亮独观其大略”，诸葛亮却只看个“大略”。

有人说：诸葛亮读书和我太像了！我看书也是观其大略，随手拿起来翻一翻，看个大概就得了。这不叫“观其大略”，顶多算是“囫囵吞枣”。

要理解什么是“观其大略”读书法，首先要明白什么叫“略”。汉朝的大学问家刘向、刘歆父子整理国家图书馆的藏书，每整理完一本，就写一篇“略”，用几十个字概括一本书的精华。“略”就是一本书的精华，一本书的灵魂。

《西游记》里的低等妖怪吃人，连骨头带肉咔嚓咔嚓啃，血肉模糊，吃相很难看。这就好像一个人读书，逐字逐句、生吞活剥，“务于精熟”。高等的妖怪对着人吸一口气，就把魂魄、精华吸走了，这就叫“观其大略”。吸完了精华，剩下的躯体失魂落魄，没有多少营养了，就丢给低等妖怪去啃。

徐庶等人“务于精熟”，牢记的是一本书的“形”；诸葛亮“独观其大略”，摄取的则是一本书的“魂”。

再换个角度想，徐庶他们为什么要“务于精熟”？为了达到什么目的，必须把一本书一字不差地背下来？只有两种情况：第一，考试；第二，炫学。徐庶等人“务于精熟”，志向不外乎此。

《论语》有云：“古之学者为己，今之学者为人。”真正的学问，是为己而学，不是学给别人看的。北宋的程颢曾发挥此义，说：“博物强记为玩物丧志。”相反，陶渊明《五柳先生传》自陈：“好读书，不求甚解。每有会意，便欣然忘食。”“好读书，不求甚解”，就是“观其大略”而不“务于精熟”；“会意”就是领略到书中的精华，而不为字句所束缚。

诸葛亮读书，不为应付考试、不为炫耀学问，完全是为了增进自己的才能。“观其大略”的读书法已经昭示，他的志向和徐庶等人是不可等量齐观的。

以下这件事，更能说明这个问题。

《魏略》说诸葛亮“每晨夜从容，常抱膝长啸”。因为诸葛亮看书看得快，节省下很多时间。徐庶他们还在埋头苦读、“务于精熟”的时候，诸葛亮就闲着没事做了。每当清晨方至，或夜幕降临之际，他常常双手抱膝，坐在那儿“长啸”。

什么叫长啸？不是龙吟虎啸、嗷嗷乱叫的那种“长啸”。《毛诗》郑玄注说是“蹙口而出声”，将嘴唇撮起一个小小的出风口，让气流通过出风口形成声音，简单来讲，就是吹口哨。当然，魏晋时期的“长啸”，比吹口哨技术含量高多了，可以声闻数里、清越悠扬，非常好听。

徐庶他们在读书，诸葛亮却在一边闲着没事吹口哨，是不是存心捣乱打扰别人？不是。“长啸”，在古代是用来抒发胸中之气的。胸中有气，无论是志气、怒气、愤懑之气、浩然之气，都可以通过“长啸”的方式，抒发出来。像岳飞《满江红》中的“仰天长啸”，就是因为家国之恨、靖康之耻，“长啸”以抒发满怀的怒气。

诸葛亮“抱膝长啸”，抒发的是志气。他长啸了一会儿，对那三个哥们儿说：“你们三个人如果做官，可以做到刺史、太守。”汉代天下分为十三州部，相当于今天的省，州的首长就是刺史；每州下辖郡国，相当于今天的地级市，郡的首长就是太守。从这三人后来的人生轨迹看，诸葛亮当时的这个预言很准确。

刺史、太守，官不小了。徐庶等人挺满意，就问诸葛亮：“那你呢？你能做多大的官？”诸葛亮“笑而不言”，只是对他们几个笑了一下，没有说话。诸葛亮是什么意思？

有些人将此解释为：诸葛亮后来官至蜀汉的丞相，丞相比刺史、太守大多了。所以诸葛亮“笑而不言”，心里想的是：我比你们都大，我要做丞相！

这种解释，并不恰当。

第一，小国的丞相，未必大过大国的刺史。徐庶、石广元、孟公威等人，后来的确在曹魏官至郡守、刺史，好像官位是不如诸葛亮高。但蜀汉是小国，仅有一州之地；曹魏是大国，跨州连郡。蜀汉的丞相和曹魏的刺史，不过是鸡头之与凤尾，谁大谁小，并不好说。

第二，诸葛亮不能预知未来，他不可能预知到刘备将来会三顾茅庐请他出山。如果没人请他出山，以诸葛亮的操守，很可能会隐居一辈子，还怎么做官呢？所以这个解释并不恰当，没有说中诸葛亮的心中所想。

中国文化比较含蓄，一个人的心中所想不一定会直白地说出来，而往往会有所寄托。诸葛亮的寄托是两个古人。《三国志》说诸葛亮“每自比于管仲、乐毅”。

古人那么多，为什么单单自比管仲、乐毅？有一种解释是，管仲擅长治国理政，乐毅擅长行军打仗，诸葛亮以他们自比，是在说自己文武兼备。

这个解释没有挠到痒处。要说治国理政，比管仲能力强的人多了去了，比如周公、萧何。比乐毅会打仗的也比比皆是，比如姜太公、韩信。如果要以古代有才能的名人自比，诸葛亮为什么不选周公、姜太公？

要理解诸葛亮的志向，必须找准管仲、乐毅的特点。

管仲、乐毅都生活在天子式微、礼崩乐坏、诸侯割据的时代。管仲是齐国的政治家，他最大的历史功绩是“尊王攘夷”，也就是重新树立天子的权威，重新建立天下的秩序。乐毅是燕国的一名将领。当年齐王派大军讨伐燕国，差点儿把燕国给灭了。齐国军队在燕国地盘上烧杀抢掠，无恶不作。后来乐毅率领燕军复仇，数胜强齐，攻陷了齐国绝大部分城池，仅余区区两座。

所以，管仲的特点是匡扶正义，乐毅的特点是反抗强暴。

诸葛亮所处的时代也是天子式微、礼崩乐坏、诸侯割据的时代。诸葛亮也想匡扶正义，他要尊的王是大汉天子；诸葛亮也想反抗强暴，他要反抗的暴是曹操。诸葛亮自比于管仲、乐毅，深意在此。

以上这一论断不是我的一家之言，古人有先我而见及者。明人张燧《千百年眼》云：“比管仲取其尊王也；比乐毅取其复仇也。盖隐隐有兴复汉室之图，于比拟间微示其意。”可谓慧眼如炬。

徐庶他们问诸葛亮能做多大的官，诸葛亮“笑而不言”，意思也在这里。因为诸葛亮的志向不在做官，所以“笑而不言”。就像有人问我：“你一个月能挣多少钱？”我也笑而不言。志向不在于此，不足为外人道也，但又没办法解释，只好一笑了之。

诸葛亮志在匡扶正义、反抗强暴，他对自己有非常高的要求，所以诸葛亮的人生境界，和满足于做刺史、太守的徐庶等人，是完全不一样的。诸葛亮在《出师表》里用两句话描述他隐居隆中的心态：“苟全性命于乱世，不求闻达于诸侯。”我生活在乱世，只想苟且保住自己的性命，从没想过要让诸侯知道我的大名。这两句话，一句是真话，一句是假话。

“苟全性命于乱世”，这是一句假话，是诸葛亮自谦的话。诸葛亮想要保全的，绝对不是性命，而是志向。在当时来讲，诸葛亮无论投靠曹操、孙权还是刘表，都不可能实现他匡扶正义、反抗强暴的志向，所以干脆隐居以全己志。

“不求闻达于诸侯”，这是一句真话。但是，这不是一句自谦的话，而是一句自负的话。诸葛亮如果真的不求闻达，他为什么要出山帮助刘备呢？又为什么要以管仲、乐毅自比呢？诸葛亮不求闻达于“诸侯”，是因为在他看来，当时割据一方的诸侯，都是乱臣贼子，没有资格得到他的辅佐。诸葛亮想要闻达于天子，闻达于后世。

读古人书，贵在读出言外之意，而不可拘泥文字，死于句下。“苟全性命于乱世，不求闻达于诸侯”，这两句话，补足言外之意便是：“难伸道义于天下，苟全性命于乱世；但求闻达于天子，不求闻达于诸侯。”

诸葛亮一直在等一个人，这个人可以让他像管仲一样匡扶正义，像乐毅一样反抗强暴。如果等不来这个人，诸葛亮宁可终老山野之中，绝不会卖身求荣。

由此可见，诸葛亮在出处之际，既秉持正道，又非常谨慎。作为对比，可以看一下曹魏的首席谋臣——荀彧。

荀彧是颍川名士，品格高洁，也被当时人誉为一代完人。他和诸葛亮一样，既是“王佐之才”，也有心兴复汉室，甚至也是在二十七岁初出茅庐。但是荀彧出仕很不谨慎，先后投奔韩馥、袁绍，最后相中了曹操。他一心希望曹操能够克终臣节，做个汉朝的纯臣，但是曹操却把龙袍当衬衣穿，一心只想取汉朝而代之。两人同床异梦，矛盾最终爆发。就在曹操晋爵魏公的前夕，荀彧非正常死亡。史书或说他是忧闷而死，或说他是服毒自尽。无论真相如何，荀彧所托非人，失身于汉贼，白玉之玷竟不可磨，人生只能以悲剧而收场。

反观诸葛亮。宋人叶梦得《避暑录话》说："诸葛亮有志于兴复汉室，认为曹操、孙权均难以托身，所以隐居躬耕，观察天下英雄，认为只有刘备还算志同道合。他在出处之际，真是胜过荀彧太多了！"（孔明有志于汉者，而度曹操、孙权不在于是，故退耕以观其人，唯施之刘备为可，其过荀文若远矣。）

电视剧《三国演义》的插曲《卧龙吟》，对诸葛亮此时的心态描写得非常到位："躬耕从未忘忧国，谁知热血在山林。凤兮凤兮思高举，世乱时危久沉吟。"相比之下，有的人解读诸葛亮隐居隆中，是在找一个投机的机会，因为此时曹操帐下人才济济，诸葛亮过去不一定能得到重视，不一定能做大官，干脆暂时采取观望态势，等着投资刘备这样的潜力股。还有的人说，这是诸葛亮的一种自我推销的策略，以隐居世外之态沽名钓誉，假装一副名士的样子，专门等待诸侯们上门请他出山，以此自抬身价。这些猜想，只能说，太不了解诸葛亮了，也太不了解中国文化了。

那么，诸葛亮苦苦等候的这个人，会是谁呢？他什么时候才会出现呢？

第五章　三顾茅庐

茅庐承三顾，促膝纵横论。
半生遇知己，蛰人感兴深。
明朝携剑随君去，羽扇纶巾赴征尘。

——电视剧《三国演义》插曲《卧龙吟》

颠沛流离，掩不住英雄本色

诸葛亮虽然隐居隆中，但一直在等待一个可以施展他的才华和抱负的机会。那么，究竟是谁给了他这个机会呢？也不用卖关子了，三国的故事大家都很熟悉，这个人就是刘备。

大家了解的刘备是《三国演义》里的刘备。这个刘备有两大特点：第一，满嘴仁义道德，却没有什么本事；第二，泪腺特别发达，成天哭哭啼啼。所以有句歇后语，叫“刘备的江山——哭来的”。但《三国演义》里刻画的刘备并不是历史上真实的刘备，诸葛亮是不可能把自己的前途托付给一个只会哭哭啼啼、却没有一点本事的庸人的。

刘备，字玄德，公元161年生于涿郡涿县，也就是今天的河北涿州，比诸葛亮大约二十岁。《三国志》记载，刘备是汉景帝的儿子中山靖王刘胜之后。有人说诸葛亮之所以辅佐刘备，就是看中了他是中山靖王的后代，有皇族血统。这是没有道理的。中山靖王刘胜最大的特点就是喜好酒色，隔三岔五生小孩。根据史书记载，他一辈子一共生了一百二十多个儿子，自己都认不过来（《汉书·景十三王传》）。这样一代代传到东汉末年，保守估计全天下得有好几千个“中山靖王之后”。当时以汉室宗亲为招牌，血统远比刘备纯正、资本远比刘备雄厚的，至少有幽州牧刘虞、扬州牧刘繇、荆州牧刘表、益州牧刘焉。这些人显赫一时，却无一例外地败亡了。可见刘备能成功，靠的是自己的本事，而不是皇室后人的招牌。

刘备的一大特点是平生屡败屡战。

历史上比刘备会打仗的人很多，比如西楚霸王项羽，前半生可以说得上是攻无不克、战无不胜，但是垓下一败，脸上挂不住，觉得无颜以见江东父老，抹脖子自杀了。

刘备虽然打仗不行，但是心理素质明显过硬。《三国志·先主传》记载，刘备得到诸葛亮之前打了十六次仗，七胜九负，胜率百分之四十。而且七次胜仗都是小胜，九次败仗中却有四次大败。什么叫大败？一次是跟别人打仗，打到手下都死完了，只剩刘备自己身受重伤，躺在死人堆里装死，侥幸逃过一劫；还有三次，地盘被人抢走，军队被人消灭，老婆、孩子、兄弟被人俘虏，就他自个儿跑了。

刘备一辈子专门跟曹操作对。《三国志》作者陈寿给刘备写赞语，说他“折而不挠，终不为下”，百折不挠，始终不肯屈服于曹操。曹操也很郁闷，打刘备吧，跑得无影无踪，找都找不着；打别人吧，刘备又不知道从哪儿钻出来，在背后捣乱，搞得曹操心烦意乱。

为什么别人打了败仗，一蹶不振；刘备每次打完败仗，都能够迅速恢复元气、卷土重来呢？这主要归功于他的第二大特点：能得人心。

汉末三国时代，手下人才多的首推曹操。曹操用人不拘一格，手下猛将如云、谋士如雨。但是说到能得人心，能够让别人对他死心塌地的，刘备才是第一人。关羽，被曹操俘虏了，身在曹营心在汉，千里走单骑也要跑回来投靠刘备。赵云，在刘备大败亏输、一无所有之际，仍然豁出性命孤身救主，不离不弃。这是非常难得的。

为什么刘备这么能得人心呢？其中一大原因是刘备个人非常有魅力。这是天生的。《三国志》里说，刘备小时候家里穷，没钱念书，有个同学的爸爸每次都替他把学费交了。同学的妈不乐意了，说：“咱们跟刘备又不是一家人，你偶尔资助他一下没关系，长此以往怎么能行呢？咱家也不富裕啊。”同学的爸说：“我也搞不明白，我就觉得刘备‘非常人也’，特别想资助他。”

后来刘备想要拉起一支军队，“年少争附之”，当地的年轻人争先恐后投靠他。尤其是关羽和张飞两个，都是心雄万夫的狠角色，却心甘情愿一辈子给刘备当小弟。既不是因为刘备武艺高强，也不是因为刘备智商过人，而是因为刘备有无比的人格魅力。

刘备手下有了人，但没有启动资金。这个时候，有两个大商人来涿郡做生意。按说商人最理性了，精打细算、锱铢必较，绝不会做亏本的买卖。但是这两个商人一看到刘备，“见而异之”，觉得这人不一般，就心甘情愿把自己挣的钱全掏出来赞助刘备，让他打造兵器、购买马匹。

所以说，刘备天生有魅力，这是他能得人心的先天优势。从后天来讲，刘备确实非常仁义。仁者爱人，刘备对别人推心置腹。曾经有人雇了个刺客刺杀刘备，这个刺客假装到刘备家做客，想要伺机下手。刘备并不知情，还给他端茶递水、嘘寒问暖、殷勤招待。最后这个刺客被感动哭了：我出道几十年，杀人不眨眼，第一次感受到家的温暖。他居然把刺杀计划全盘告诉了刘备，自己含着眼泪走了，刘备的性命得以保全（《三国志·先主传》注引《魏书》）。这是刘备仁爱的表现。义就是仗义，曹操搞徐州大屠杀，别人都不敢来救陶谦，刘备二话不说就来了，这是他仗义的表现。

刘备既有魅力，又仁爱，还仗义，岂不就是个老好人？其实不然。刘备的第三个特点，也是历史上的刘备和《三国演义》里的刘备最大的区别，就是——一代枭雄。

什么叫“枭雄”？“枭”是一种恶鸟，也就是猫头鹰。古代有个传说：母猫头鹰生完小猫头鹰，精力耗尽，没有力气捕捉猎物喂养幼雏，就一口咬住树枝，身体下垂。小猫头鹰啄食母猫头鹰的身体，将它吃到只剩一个头悬挂在树枝上。“枭”字的字形，据说就是一个鸟头挂在木头上。所以古代有一种刑罚叫“枭首”，把人头砍下来，悬挂示众，这就是模仿母猫头鹰的死法。

枭是恶鸟，枭雄就是恶鸟中的佼佼者，用《后汉书》注的说法，叫“恶鸟之强”。汉末三国，很多人都说刘备是枭雄，这不是褒义词，而是贬义词。

刘备小时候不是那种喜欢读书的乖孩子，而是“喜狗马、音乐、美衣服”，喜欢飞鹰走狗，喜欢听摇滚、买衣服、拼名牌，典型的不良少年。而且他平时闷声不响，喜怒不形于色，城府很深。但是一旦发作起来，非常吓人。

《三国志》记载，刘备因为镇压黄巾起义有功，在一个县做小官。当时朝廷出了个政策，地方上因为军功而封官的一律裁员。这可能是考虑到靠打仗上来的往往是大老粗，难以治理地方。刘备怀疑自己的名字就在这份裁员名单里。有一天，郡里下来一名督邮，住在县宾馆。督邮是郡里的要员，负责监察工作。刘备听说督邮下来视察工作，立刻赶到宾馆求见。督邮不知是架子大，还是为了避嫌，称病不见。刘备吃了个闭门羹，勃然大怒。他返回县衙，带了一批兵卒，重临宾馆，破门而入，声色俱厉地假称：“我收到郡守的密令，逮捕督邮！”说罢，不等督邮反应过来，一把揪住对方，拖出门外，捆绑在树上。刘备解下官印，挂在督邮脖子上，发狠道：“老子今天就是丢了工作、拼了性命，也要教训教训你！”便举起执法的棍棒，打了两百来下，打到兴起，甚至拔刀想要杀了他。督邮哀声告饶，刘备这才作罢，随后便弃官逃跑。

《三国演义》的作者可能觉得这么凶暴的行事作风不符合刘备一贯的形象，便搞了个移花接木，把这个故事安插在张飞头上，演绎成“张翼德怒鞭督邮”的精彩回目。实际上，这事儿原本是刘备干的。

这才是一代枭雄，历史上真实的刘备。

同等段位，才能互相欣赏

刘备从镇压黄巾起义出道以来，在中原摸爬滚打十七年。这十七年间的中原形势，纷繁复杂，但大致可以理出三条线索来。

第一条线向上，这表示曹操，曹操的实力越来越强，成为中原第一霸主。

第二条线向下，这表示其他军阀，这些军阀一个接一个地被消灭了，北方趋向统一。

第三条线是平的，这是刘备。十七年来刘备一直在混战，实力一点儿也没增强，别人却始终也无法彻底消灭他。随着曹操迅速崛起、群雄一一灭亡，公元 201 年，刘备在中原地区终于混不下去了，跑到荆州投奔刘表。

荆州是个好地方，和战火连天、饿殍满地的中原比起来，简直就是人间天堂。刘备以前每天都穿梭在枪林弹雨间，把脑袋别在裤腰带上拼命，现在到了荆州，按理应该享享清福了。但是刘备在荆州过得却很痛苦。

《三国志・吕布传》记载，有一位名叫许汜的名士，与刘表、刘备共论天下人物，聊到了徐州一位已经亡故的豪杰陈登。陈登是一位年轻有为的人物，曾经抗衡吕布、孙策，很有才干和谋略。刘备当年在徐州，和陈登关系很好。但许汜却说：“陈登这个人，江湖气太重。”言下之意，自己对其颇为不屑。

刘备不发表意见，故意先问刘表：“你觉得许汜的评价，是对是错？”刘表鉴别能力有限，犹犹豫豫地说：“要说错吧，许汜也是名士，不会胡说；要说对吧，陈登名满天下，也不至于。”从这番话可以看出，刘表只懂人云亦云，既缺乏判断能力，也缺乏得罪人的魄力。

刘备看刘表不敢表态，又问许汜：“你说陈登江湖气重，能不能举个例子？”

许汜赶紧诉苦：“有一次我去徐州，住在陈登家。陈登一点待客之道都不讲，连话都不跟我说。到了晚上，他自己睡在一张高床之上，却让我睡一张矮床。你们评评理，这个人是不是江湖气太重？”

刘备冷笑道：“阁下号称名士，当此天下扰攘、天子蒙尘之际，却没有半点忘家忧国之意，到处购置田产、经营住宅（求田问舍），陈登这样的英雄，当然不愿意和你这种猥琐小人讲话。陈登算是脾气好的了。要是换了区区在下，恨不得睡在百尺高楼之上，让你睡在地下，何止是高矮床？”刘表听了，哈哈大笑。

这个故事，最能看出刘备的英雄气。所谓“喜怒不形于色”，绝不是没有喜怒。刘备此时已经年近半百了，又是寄人篱下，照理应该深谙人情世故。可是面对许汜这种道貌岸然的猥琐之辈，他仍然毫不掩饰自己的鄙视。唐人刘禹锡诗云：“天地英雄气，千秋尚凛然。”辛弃疾词云：“求田问舍，怕应羞见，刘郎才气。”如果不能感受令人自惭形秽的“刘郎才气”，不能领略千秋之下仍令人为之凛然的“天地英雄气”，那就没有读懂刘备。

另有一个故事，出自《三国志》注引《九州春秋》。刘备在荆州待了几年，有一天和刘表一起喝酒吃饭。吃了一半，刘备起身上厕所。正蹲着方便，刘备发现了一件事情，让他触目惊心，泪流满面。什么事情呢？“髀里肉生”。髀，就是大腿。刘备看到自己大腿上长了很多肥肉，心里非常痛苦，就哭了。

刘备哭完，回到宴席上，继续吃。刘表一看不对，刘备脸上带有泪痕，眼睛还红着，显然刚才哭过，就问：“你为什么哭呀？是不是我这饭菜太难吃了，让你吃哭了？”

刘备说：“不是。我刚才上厕所，发现大腿上全是肉。”

刘表说：“好事情啊，男人中年发福，再正常不过了。你又不是女生，又不用减肥，有什么好哭的？”

刘备回答说，自己以前每天打仗，大多数时间都在马上，所以大腿上全是肌肉，很结实，没有多余的肥肉。现在好几年没骑马了，肥肉都出来了。“日月若驰，老将至矣，而功业不建，是以悲耳”，日子一天一天过去，我都快五十岁的人了，还没有建功立业，所以想起来很难受。这就是刘备，因为髀里肉生就能“慨然流涕”的一代枭雄。

一代枭雄刘备的心情，刘表这种没有追求的人是不会懂的，因为两个人完全不在一个段位上。

谁能懂一代枭雄刘备呢？此刻正在隆中隐居的诸葛亮。

改变历史的会面

诸葛亮在隆中隐居十年，其实心里也同样着急。他晚年在《诫子书》中的一段话，可以看成是他当年心境的袒露：“年与时驰，意与日去，……悲守穷庐，将复何及！”年华在虚度，意志在消磨，空守着茅庐，我能干什么？和刘备说的话，无论措辞还是心情，都非常相似，这就叫英雄所见略同。

其实说起来，当时刘备驻守的新野，在荆州的北边，今天河南南阳境内。新野距离诸葛亮隐居的隆中非常近，也就是一个多小时的车程。但是“有缘千里来相会，无缘对面不相识”。刘备已经从河北涿州，辗转半个中国，千里迢迢跑到荆州来了，却还缺少一个缘分，让他们俩相遇。这时候，有两个人扮演了月老的角色，千里因缘一线牵。

第一个人是司马徽，也就是诸葛亮的“师”。

刘备在荆州，并没有闲着，他在到处访求人才。司马徽是荆州的名人，刘备当然也来请教他。但是司马徽一心隐居，不想出山。他推辞说，自己是一个“儒生俗士”，又是书呆子，又是俗人，哪懂天下大事？“识时务者在乎俊杰”，只有俊杰才能帮你。这里有一对卧龙、凤雏，他们俩才是你要找的人。刘备觉得很好奇，便询问：“您说的卧龙、凤雏都是谁啊？”司马徽回答：“卧龙是诸葛亮，凤雏是庞统。”（《三国志·诸葛亮传》注引《襄阳记》）这应该是刘备第一次听到诸葛亮的大名。

第二个人是徐庶，也就是诸葛亮的“友”。

《隆中对》里有这么个故事，刘备屯驻新野，为刘表看守荆州的北大门。徐庶看好刘备，一早就来投奔。刘备此时求贤若渴，与徐庶相见恨晚，对其十分器重。徐庶就说：“我这点才能，算不了什么。有一位真正的牛人，您还没见过呢。”

刘备问：“还有谁能比你强？”

徐庶说：“比我强的这个人，正是卧龙诸葛亮，您想见到他吗？”（诸葛孔明者，卧龙也，将军岂愿见之乎？）

刘备这才想起来，上次听司马徽提过这个人，当时没上心；既然徐庶也这么推崇诸葛亮，何不召见？他就说：“君与俱来。”您带着他，一起来见我吧，我一定好好重用。

徐庶正色道：“这个人，只能你去见他，不能他来见你。你如果确实有意结交，不妨亲自登门拜访。”（此人可就见，不可屈致也。将军宜枉驾顾之。）

刘备一听，二话不说，亲自跑到隆中诸葛亮的草庐。史称“凡三往，乃见”，前后一共跑了三趟，才算见上面。这就是历史上著名的“三顾茅庐”。

这一年，诸葛亮二十七岁，漫漫人生已经过半；

这一年，刘备四十七岁，两鬓斑白寄人篱下一事无成；

这一年，曹操五十三岁，刚刚统一北方，即将挥师南下。

就在曹操踌躇满志、打算统一天下的时候，他绝对料想不到，在南方一座草庐之中，一个他眼中的失败者和一个无名小卒的相会，使得本来已经毫无悬念的历史走向又再度发生转变。千年之下，我辈读史至此，不妨杂引李太白和秦少游的四句诗词，来追想这段令人神往的故事。

鱼水三顾合，风云四海生。（《读诸葛武侯书怀赠长安崔少府叔封昆季》）

金风玉露一相逢，便胜却人间无数！（《鹊桥仙》）

不为人臣，但为帝王师

天下豪杰这么多，诸葛亮为什么选择跟从刘备？

首先，诸葛亮对刘备印象很好。《隆中对》中讲述，当年曹操搞徐州大屠杀，逼得诸葛亮背井离乡，只有刘备敢来抵抗曹操。诸葛亮一见刘备的面，就说将军“信义著于四海”，仁义一直都是刘备的一块金字招牌，《论语》有云：“颠沛必于是，造次必于是”，不管多么颠沛流离，老婆孩子可以丢，仁义绝对不会丢。这是诸葛亮选择刘备的第一个原因。

其次，刘备以皇族自居，奉汉献帝的衣带诏讨伐曹操。这和诸葛亮匡扶正义、反抗强暴的志向不谋而合，所以诸葛亮选择刘备。

那么，既然诸葛亮对刘备有个好印象，并且认定对方是与自己志同道合之人，为什么不主动去找刘备，而要等刘备来请他呢？

这个问题，必须放到中国传统文化的长河中去观照，才可以免于近世庸俗的成功学、权谋论的解读。不妨先看两个《孟子》中的故事。

《孟子·万章上》记载，夏朝末年，天下大乱。有位贤人伊尹，在“有莘之野”躬耕，学习着尧舜之道，感到非常自足而快乐。商族的君主汤听说伊尹的贤名，派使者带着厚重的见面礼，礼聘伊尹出山。伊尹丝毫不感兴趣。他说：“我要你的钱干吗呢？哪有躬耕于畎亩、学习尧舜之道，过得快乐呢？”汤毫不气馁，“三使往聘之”，伊尹这才为了拯救天下免于陷溺而出山。

和伊尹之事相似的，还有商末的姜太公隐居垂钓、周文王礼聘出山的故事。后者大家已耳熟能详，此处就不赘述了。

诸葛亮躬耕陇亩、读书自乐，刘备“凡三往，乃见”，与商汤三请伊尹、周文王礼聘姜太公的故事非常相似。我们不应认为他俩是在刻意演戏、模仿古人。但是刘备三顾茅庐之际，我相信诸葛亮心目中是有一个“伊尹”“太公”的榜样在的。这就是文化对人的感染力量。后人常以诸葛亮比拟伊尹、太公，也许有这方面的原因。

再看另一个故事。

《孟子·公孙丑下》记载，孟子约见齐王，齐王派人来说：“我本应当登门拜访（就见），但是不巧生病了。如果你能到王宫来找我，倒是可以见一见。”孟子立刻回答：“不好意思，我也病了，那就不见了吧。”

身边人问他：“你明明没病，为什么对国君撒谎呢？你成天想着推销你的仁政、王道，这么好的机会摆在面前，为什么放弃呢？”

孟子回答：“将大有为之君，必有所不召之臣；欲有谋焉，则就之。”真正能够大有作为的君主，一定有这样的重臣，不是你“呼之即来”的。如果君主有什么问题想要请教，那就登门拜访臣子。“故汤之于伊尹，学焉而后臣之，故不劳而王；桓公之于管仲，学焉而后臣之，故不劳而霸。”商汤对于伊尹、齐桓公对于管仲，都不是上来就以君主的身份驾临的，而是先以学生的态度拜访的。先当学生，再当君主，所以能够成就王霸之业。

徐庶劝刘备登门拜访诸葛亮，用了“此人可就见”这样的《孟子》成句，提醒刘备如果想见诸葛亮，必以商汤拜访伊尹、桓公拜访管仲为模板。伊尹、太公、管仲，都是先秦的传说，究竟实有其事与否，谁也说不好。但“三顾茅庐”却是汉末的实事，三代以下所仅见，所以分外得到中国人的艳称与珍视。

理解了这样的政治文化传统，再来看“三顾茅庐”。

诸葛亮等待刘备上门，正是在表明自己的一个态度：他想要做的，不是刘备的“臣”，而是刘备的“师”。

什么叫“臣”？“臣”的甲骨文写成一只竖着的眼睛，表示低眉顺目，是奴隶的意思。臣对君主是单方面的服从关系。

什么叫“师”？“师”，又叫大臣，服从的对象不是君，而是道义。《论语》云：“所谓大臣者，以道事君，不可则止。”

大臣以道义辅佐君主，所谓“致君尧舜上”（杜甫语），以尧舜之道严格要求君主，帮助他进步。如果君主站在了道义的对立面，那就停止对君主的效忠，去国或隐居。这叫“从道不从君”（《荀子·臣道》）。

汉末乱世，君择臣，臣亦择君。以诸葛亮的才能，如果轻于“屈致”，无论在曹魏还是孙吴，都不难谋得高官厚禄。他既然选择了隐居以全志、退耕以观人，当然不会因为一个穷困潦倒的刘备，就急不可耐地送货上门。《战国策·燕策》概括了当时士人的择君之道：“帝者与师处，王者与友处，霸者与臣处，亡国与役处。”看一个君主器量与成就如何，要看他与什么样的人相处。如果一个君主身边有令他折节而学的“师”，便能成就帝业；如果君主身边有令他平等交往的“友”，便能成就王业；如果君主身边只有让他居高临下的“臣”，那就只能成就霸业；如果君主身边全是让他呼来喝去的“役”（奴仆），那就只能灭亡了。

做帝王师，这才是儒家的最高政治理想，也是诸葛亮的最高理想。诸葛亮尽管比刘备小二十岁，但却“当仁不让”，以“师道”自居。理解了这一点，才能理解刘备与诸葛亮的特殊关系，理解诸葛亮在刘禅时代的种种作为。既然以“帝王师”自居，当然就要等刘备上门来请。《礼记》有云：“礼闻来学，不闻往教。”从礼法上讲，只有学生主动找老师来请教的，没有老师主动出击，满世界逮学生去教的。所以，只有刘备三请诸葛亮，没有诸葛亮找刘备的道理。这才是“三顾茅庐”的真义。

刘备三顾茅庐，不辞辛苦，来向诸葛亮请教，诸葛亮教了他什么？历史的发展，又将因此发生怎样的变化？

第六章　隆中对

先取荆州后取川，
大展经纶补天手。
纵横舌上鼓风雷，
谈笑胸中换星斗。

——《三国演义》第三十八回

羽扇纶巾，彰显出处之道

刘备三顾茅庐，终于见到了诸葛亮。现在让我们随着刘备的目光，一起看一看故事的主人公——初出茅庐的诸葛亮——到底长什么样。

《三国志》记载，诸葛亮“身长八尺，容貌甚伟”，身高一米八以上，长得非常有男子汉气概，典型的山东大汉。

《三国演义》说诸葛亮“羽扇纶巾”，手拿鹅毛扇，头戴青丝头巾。这个描写符合历史实际吗？

有人说，这是小说家虚构的。因为《三国演义》是明朝的小说，而宋朝苏东坡写了一首词，描写周瑜，说“遥想公瑾当年，小乔初嫁了，雄姿英发。羽扇纶巾”。所以羽扇纶巾应该是周瑜的打扮。于是认为这是《三国演义》对典故的误用，因为他没有找到更早的出处。

晋朝人裴启的《语林》和南朝人殷芸的《小说》都记载了一个故事：司马懿和诸葛亮打仗。司马懿知道诸葛亮厉害，第一次和这样的高手过招，非常紧张，顶盔掼甲，罩袍束带，全副武装。还不放心，就派个小兵去看看诸葛亮的情况。小兵回来报告：将军您太丢人了，人家诸葛亮“乘素舆，着葛巾，持白羽扇”，坐在一辆非常简朴的小车上，头上随便扎了一块葛布的头巾，手里拿着一把白羽扇，“指麾三军，众军皆随其进止”，扇子往哪指，三军将士就往哪走，比遥控器还好用。反观将军您，穿得跟个粽子似的，我们都替您感到丢人。司马懿听了，非常惭愧，一声感叹：“真名士也！”我只是一个军人，诸葛亮才是真正的名士啊！所以，“羽扇纶巾”大体符合魏晋人心目中诸葛亮的穿着打扮。

附带一提，诸葛亮的“羽扇”与影视作品中常见的鹅毛扇形制很不一样。根据文物学家孙机先生考证，宋刊本《艺文类聚》引《语林》说诸葛亮拿的不是“羽扇”，而是“毛扇”。唐代阎立本《历代帝王图》中，孙权手里就拿着这样一柄“毛扇”。毛扇是将驼鹿的尾毛夹在木柄或玉柄之中制成的，比“羽扇”要小得多，形制和功能可能更接近后世的“拂尘”，能表现使用者悠远清雅的风致。但“羽扇”与“毛扇”的区别，只是细节，不影响我们对诸葛亮的总体观感。为了照顾约定俗成的用法，我们仍采用“羽扇纶巾”。

为什么要强调诸葛亮穿什么？中国传统礼法文化，讲究“衣冠文物”“舆服制度”。穿着打扮，反映了政治上的大问题。

比如，秦朝末年有个儒生叫叔孙通，很有学问。他穿着一身儒服，宽袍大袖、峨冠博带，跑去投奔刘邦，想要在刘邦手下混口饭吃。刘邦一见叔孙通这身打扮，很不高兴。刘邦本人没文化，是个大老粗，所以他最讨厌文化人。一看叔孙通穿一身儒服过来，脸一下子就拉长了。叔孙通这个人最擅长察言观色，偷眼一瞧，领导不高兴，回去赶紧把儒服脱了，换成一身庄稼汉的短打扮，再去见刘邦。刘邦这一次心里舒坦了，把他留下来了。可见叔孙通对自己的定位，绝不是帝王师，也不是大臣，而是奴才。皇上喜欢看什么，我就穿什么，不要说穿短袖了，您要真喜欢，我穿刀子都行。这种儒生，就是有文化的奴才，他们曲学阿世，是中国古代君主专制的推手。

诸葛亮不是这样的。诸葛亮穿的是“羽扇纶巾”，是隐士的穿着。他出来做官，按理应该穿官服。但诸葛亮为官几十年，却常常穿着当年隐居时的羽扇纶巾，这符合中国传统政治文化的“出处之道”。

出，出仕；处，退隐。所谓“出处之道”，就是说：无论隐居还是出仕，都要符合道义。《菜根谭》有两句话说得很形象。

“处林泉之下，须要怀廊庙的经纶”。隐居在山林之中，要关心朝廷大事、天下兴亡，虽然不求为世所用，但肚子里要储备经邦济世的实用之学，一旦机遇来临，便能起而行之。

“居轩冕之中，不可无山林的气味”。轩，就是做官以后坐的公车；冕，就是戴的官帽。做官了，不要把自己搞得太俗，一副官腔。要有一点“山林的气味”，有一种脱俗之态、飘逸之气，随时想着功成身退，想着一旦时危道穷，大不了退耕于陇亩。

为什么出仕之后，还要想着退隐山林？如果一个人当官，能进而不能退，能得而不能失，就会“患得患失”。《论语》云：“鄙夫可与事君也与哉？其未得之也，患得之；既得之，患失之。苟患失之，无所不至矣。”一个人格卑下、心思鄙吝的人，可以辅佐君主吗？这种人啊，没有当官时，生怕挤不进官僚队伍；一旦挤进去了，又怕丢官。一个人一旦害怕失去现有的东西，那就没有底线，什么事情都干得出来了。诸葛亮羽扇纶巾，为官多年而不改隐逸之气，正是要与政治保持一种若即若离的关系，这样才能进退自如，才能珍视真正该珍视的东西，而将名利看得轻如敝屣。

诸葛亮隐居隆中，忧国忧民，出山为官，羽扇纶巾，就是这种“出处之道”的表现。这是中国传统政治文化中非常可贵的品质。

权道，政治智慧的最高境界

现在刘备就见到了这位身高八尺、容貌甚伟、羽扇纶巾的诸葛亮。刘备让自己手下的人全都退下，草庐之中只剩下他们二人相对而坐。刘备问诸葛亮："我出道也有二十几年了，本来的想法是要逐鹿中原，结果这么多年一直在中原被别人追逐。现在我都四十七了，却还一事无成，请问我该怎么办？"

对刘备这个问题，诸葛亮做了非常精彩的回答。这个回答收录在《三国志·诸葛亮传》里，因为回答的地点是在隆中的草庐，所以后世称其为"隆中对"，或者"草庐对"。

如今，成都武侯祠挂了一副对联："两表酬三顾，一对足千秋。"说的是诸葛亮平生有三篇大文章。"两表"就是前后《出师表》，诸葛亮用前后《出师表》报答了刘备三顾茅庐的知遇之恩，这叫"两表酬三顾"；"一对"，就是"隆中对"，"一对足千秋"，哪怕诸葛亮这辈子没干别的，一篇"隆中对"就足以让他名垂千古。这一副对联，强调了诸葛亮"隆中对"的重要性。

事实上也是如此。刘备听"隆中对"之前，一事无成；听完"隆中对"，恍然大悟、茅塞顿开，从此以后顺风顺水，无往而不利。

"隆中对"为什么会有这么神奇的效果？"隆中对"到底教会了刘备什么呢？

"隆中对"教会了刘备两个政治领袖必备的基本素质。

第一个素质：权道。

中国传统政治文化的最高境界是"道"，道又分为经和权两个部分。经，是道的常态，是不变的部分；权，是道的非常态，是变化的部分。《论语义疏》说："权者，反常而合于道者也。"从形式看，好像一反常态，但结果却符合道义，这就叫权。这样空说玄之又玄，不妨举一个具体的例子，来说明这个道理。

《孟子》记载：齐国有个叫淳于髡的人，特别喜欢抬杠，有一天来找孟子，问他："你们儒家讲究'男女授受不亲'，也就是为了严格男女之大防，非夫妻不能发生肢体上的接触，有这么回事吗？"

孟子说："没错，这是一条基本的礼仪规范。"

淳于髡说："那如果你嫂子掉河里了，你是袖手旁观，死守'男女授受不亲'的规范，还是破坏规矩伸手拉她一把？"

这是一个两难问题。伸手去拉她，那就违反了"男女授受不亲"的原则；袖手旁观，那就置人生命于不顾。淳于髡问完这个问题，得意扬扬地看着孟子，感到胜券在握。

孟子说："我当然要伸手去拉她。见死不救，是禽兽。男女授受不亲，这是一个原则，是'经'；我伸手救人，这是一个例外，是'权'。有原则（经）必有例外（权）。"

所以，规则（经）本身并不是目的，规则背后的道理（道）才是最重要的。人不能只知道死守规则，而要懂得规则背后的道理，根据情况判断应该怎么做。普通情况下，守经；特殊情况下，用权。这就是权道。

孔子认为"权道"是最高境界，他说："可与共学，未可与适道；可与适道，未可与立；可与立，未可与权。"有的人可以一起学习，但是大家各学各的，不能追求同样的目标；有的人层次高一点儿，可以一起追求"道"，但是未必可以到达"道"的位置，立不住；更高层次的人，可以一起立在"道"的层次，但是这种人太死板、太方正，立的只是"经道"，不懂得变通，不会行"权道"，仍不能穷尽"道"的变化。由此可见，"权"在孔子心目中具有至高无上的位置。

权道是中国传统政治文化的最高境界，一般人用不来。因为一般人只能够看到表面的规则，而看不到背后的道理，更谈不上用权。如果一个人看不到背后的道理，就嚷嚷着要用权，要打破原则搞例外，那就不是权道了，就变成权术、变成权谋诡计了，这是非常危险的。

刘备不懂权道。刘备只知道，我要逐鹿中原，我要打败曹操，我要匡扶汉室，却不懂得拐弯。所以十几年来一直在跟曹操死磕，打又打不过，所以一事无成。陈寿写《三国志》，评价他"机权干略，不逮魏武"。

诸葛亮就告诉他，你暂时不要和曹操打。曹操“挟天子以令诸侯”，手上有天子这张王牌，你有吗？手下有“百万之众”，你行吗？两样都没有，你凭什么跟曹操斗呢？所以，“此诚不可与争锋”，曹操风头正劲，你不要去惹他。

刘备一听，感到非常奇怪：“我这辈子，反对的就是曹操。你不让我跟曹操斗，那我跟谁斗呢？江东有个孙权，实力也挺强，要不我去打孙权？”

诸葛亮说：“孙权，从他老爸孙坚开始就在江东奋斗，到他哥孙策，再到他，已经是第三代领袖了，实力相当雄厚。‘此可以为援而不可图也’，我们要把孙权变成共抗曹操的帮手，而不能变成你死我活的对手。”

刘备一听，更纳闷了：“曹操也不能惹，孙权也打不得，那我怎么办呢？”

这个时候，诸葛亮才给刘备指了一条明路。你混到现在一直在失败，根本原因就是你的眼睛只盯着中原，所以路越走越窄，天底下没有容身之处。其实你回头看一眼，就会发现退一步海阔天空。北方，曹操占完了。南方分为三个部分，东部的扬州被孙权占了，现在还有中部的荆州和西部的益州。荆州居天下之正中，四通八达、物阜民殷，而荆州的主人刘表却坐观成败、不思进取，“将军岂有意乎”？刘将军您对荆州难道就没有想法吗？再把视线沿着长江，溯流而上，那里还有一块沃土——益州。益州自古号称天府之国，沃野千里，想当年汉高祖刘邦就是在益州发家，夺取了天下。现在益州的主人刘璋也是个窝囊废，比刘表还不如。两块馅饼放在那儿，只等将军您去吃。所以我建议你，先取荆州、益州作为根据地，再回过头来讨伐曹操，走一个迂回的战术。这就叫权道。

这是“隆中对”教给刘备的第一个素质。

第二个素质：大局观。

什么叫大局观？在空间上，不能只盯着巴掌大的一块地方，要放眼天下，把全国看作一盘棋；时间上，不要只盯着眼前，只有短期目标，还要想到十年计划是什么，二十年计划是什么，百年大计又是什么。作为一个部下，可以只盯着眼前，但是作为一个政治领袖，必须要有大局观。

刘备最缺的，就是大局观。

刘备以前打仗，只想着要匡扶汉室。至于具体怎样反对曹操，怎样匡扶汉室，怎样从无到有、从小到大，一点一点把自己做大，刘备脑子里只有一团乱麻，没有一条清晰的思路。所以今天陶谦找他帮忙，他就去徐州；明天吕布把他的徐州抢了，他就逃跑；今天刘表请他来荆州，他就来荆州；明天曹操要是把荆州占了，他又该怎么办呢？完全没有想过，只知道蹲在厕所里看着大腿长肉流眼泪。

如果把军阀间的斗争比喻成下棋，刘备是臭棋篓子，走一步看一步；诸葛亮是大国手，走一步想十步。走一步看一步，就没有大局观，只知道占小便宜，看见这里有个小卒子可以吃，赶紧先吃了，至于吃了以后对自己是利是害，根本想不过来，脑子里一团乱麻。走一步想十步，就有完整的思路，知道什么便宜可以占，什么便宜不能占，必要的时候还可以放弃已有的利益，弃车保帅，以小搏大。

“隆中对”从大局观出发，为刘备制定了完整的四步走战略。

第一步，占领刘表的荆州，控制长江中游。

第二步，占领刘璋的益州，控制长江上游。

第三步，内修法制，外合孙权，把整个长江流域联合起来，以南方对抗北方。

第四步，等待曹操政权出现内部矛盾，就派一员大将从中路的荆州北伐，刘备亲自率领大军从西路的益州北伐，同时联络孙权从东路的扬州北伐，三路出击，消灭曹魏，到那个时候，“霸业可成，汉室可兴”。

一语点醒梦中人。刘备听了这番话，恍然大悟：敢情我这大半辈子出生入死，自己还觉得挺有奋斗感，实际上完全是一场白忙。现在得到高人指点，思路一下子就清晰了。什么叫听君一席话，胜读十年书？“隆中对”就起到了这个作用。

再见，青春；再见，自由

听过“隆中对”以后的刘备，脱胎换骨，从一个二流的小军阀，成长为一代政治领袖。他当时就铁了心，要邀请诸葛亮出山相助。

到这个时候，诸葛亮感到时机已经成熟，接受了刘备的邀请。这个行为，拿今天的民法理论来讲，刘备发出了一个“要约”，诸葛亮给出了一个“承诺”。这个承诺分量是非常重的，这意味着诸葛亮以前躬耕陇亩、抱膝长啸的逍遥生涯已经一去不复返，从此以后只有责任，再无自由。为了报答刘备的知遇之恩，也为了实现自己心中的理想，已经二十七岁的诸葛亮，将会用他剩下的二十七年人生鞠躬尽瘁，死而后已，为兴复汉室的事业奋斗终生。

《三国演义》描写诸葛亮离开隆中之前，专门交代弟弟诸葛均，让他继续躬耕，不要让田地荒芜，等自己功成之日，还要回到这里隐居。事实上，诸葛亮这一走，再也没能回到隆中。这段描写，更加增添了诸葛亮的悲剧色彩。

刘备请诸葛亮出山以后，两个人关系特别好，《三国志》说他们“情好日密”，这就引起了关羽、张飞的不满。刘关张兄弟三人，以前是共同创业的“中国合伙人”，关系特别铁。现在插进来一个诸葛亮，眼瞅着大哥跟他好了，不理咱们了，关羽、张飞一肚子羡慕嫉妒恨，难免会闹情绪。刘备就开导他们，说你们俩不要不高兴。我刘备以前就好像一条大鱼，想要兴风作浪，但是没有水，只好干枯等死。现在我得到了诸葛亮，如鱼得水，从此以后海阔凭鱼跃、天高任鸟飞，咱们的事业就要蒸蒸日上。“如鱼得水”这个典故，就是打这儿来的。

转过年来，到了公元208年，曹操统一北方，率领大军南下，想要一口气统一天下。就在这个节骨眼儿上，荆州牧刘表病死。刘表的小儿子刘琮，在文武大臣的劝说之下，举白旗投降。

刘备一看，情况不妙，什么“隆中对”、什么四步走，都顾不上了，又使出了他的看家本领——逃跑。曹操不费一兵一卒，占领了荆州。但是曹操非常清楚：我真正的对手不是老糊涂的刘表，也不是乳臭未干的刘琮，而是那个打不死的小强——刘备。所以曹操进了襄阳城，第一件事情，就是派出五千精兵，全部骑上最好的战马，装备最精良的武器，马不停蹄地追杀刘备，务必活要见人、死要见尸。

脚下没有立锥之地，身后还有五千追兵，手里又没有一支像样的军队，全是老弱病残。不要说实现“隆中对”的宏图大志，就算保全性命都非常困难。诸葛亮刚刚出山，就接手了这样一个惨淡的开局，面临这样一个不可能完成的任务。后来诸葛亮在《出师表》里回忆往昔的峥嵘岁月，说了这么两句话：“受任于败军之际，奉命于危难之间。”一点都不夸张。

初出茅庐的诸葛亮，面对曹操带来的第一个严峻考验，将会如何完成这个不可能的任务呢?

第七章　立国之道

夫济大事，必以人为本。今人归吾，吾何忍弃去！

——〔蜀汉〕刘备

刘表死了，好戏开场

如果穿越回公元208年的襄阳，那种富庶繁华下潜伏的动荡大约是比较惊人心魄的。

襄阳地处水陆之冲，自公元190年以来，便为刘表所有。刘表花了大力气，将此地改造成荆州州政府的所在地，十余年未动刀兵，繁华甲于天下。

但如今不同了，形势已经不容此地偏安。

八年前，官渡之战爆发。中原实力最强大的两个军阀——袁绍和曹操，展开了最后的决战，曹操以弱敌强，全面胜出。八年过去了，曹操已经扫清了袁绍的残余势力，统一了北方，现在该轮到南方了。

当时的南方有三个军阀，分别是长江上游益州的刘璋、长江中游荆州的刘表、长江下游扬州的孙权。

先拿谁开刀呢?

曹操眯着眼睛，打量地图。刘璋是刘焉的儿子，孙权是孙坚的儿子，对于曹操来讲，都是小辈儿。同时出道的英雄豪杰，袁绍、袁术、吕布、孙坚，都已经死了，如今够格做我对手的，恐怕只有老相识刘表了吧！曹操决定挥师南下，兵锋直指荆州的首府襄阳。

襄阳的百姓只感觉要变天了。

襄阳的天现在还是刘表。这位荆州诸郡的总首领、汉末最有文化的军阀、曹操此时唯一看得上眼的对手，正静静地躺在病榻之上，恭候死神的降临。

刘表并不是没有过机会。官渡之战刚结束，曹操远离大本营，北出边塞扫清袁绍的残余势力。当时，刘备曾经建议刘表偷袭曹操的大后方。刘表思忖再三，觉得这样冒险的举动吉凶难卜，而且一定会打破现在的岁月静好，所以没有采纳。也许刘表当时也心存侥幸，希望曹操、袁绍可以拼个两败俱伤，自己再出面坐收渔翁之利吧！遗憾的是，事情完全没有朝着他想象的方向发展。事后刘表后悔万分，对刘备说：可惜我当年没有听取你的意见，丢失了这么好的机会！刘备宽慰道："今天下分裂，日寻干戈，事会之来，岂有终极乎？若能应之于后者，则此未足为恨也。"——下次还会有机会的。

真的还有机会吗？

刘备今年才四十八岁，他还有机会；曹操今年也才五十四岁，他也有机会。刘表呢？世人都非议刘表在乱世之中坐观成败、不思进取，其实年龄是一个重要的因素。曹操在六十岁以后，也曾经发出"人苦不知足，既得陇，复望蜀"的慨叹；刘表在五十岁前后，也曾经上演过单骑入宜城的好戏，也曾经动用霹雳手段干掉了盘踞荆州的一群土皇帝，坐稳了荆州牧的位置。

只可惜，曾经的意气风发，随着年纪的增长而逐渐被消磨，而今只剩老眼昏花。

在刘表病榻之前立着的几位，可能是妻子蔡氏，小子刘琮——或者在屏风外面还有蔡瑁、张允等人。这些人，这些日子一直盯着自己，饿狼似的眼睛又凶又怯，闪闪的像鬼火。就在这样的鬼火萦绕里，一会儿是曹操南下的凶信，一会儿是荆州各地的公报，纷纷沓沓，烦不胜烦。刘表不耐烦地又一挥手，目示蔡瑁全权代办，然后便见蔡瑁隐着欣喜的眼神，仓皇而郑重地出去。刘表看在眼里，却突发奇想：要是只这么一挥手，便再没有人打扰，那该有多好！于是他模糊地望着床边尽了全力尝试着挥出手去……

公元 208 年八月，刘表病死。刘表的小儿子刘琮，在左右文武的怂恿之下，向曹操献上降书降表，荆州易帜。

百折不挠的刘备终于遭遇一生最大的危机，成了历史惊涛骇浪之中的一叶孤舟。好戏开场。

乘人之危，非成大事者所为

在今天的襄阳古城北门外，有条清亮宽阔的大河，就是汉水；汉水北岸与襄阳隔河对望的城池，就是樊城。刘琮率领整个荆州投降曹操的时候，刘备就驻扎在樊城。现在，北边是统率数十万大军南下的曹操，南边是望风披靡的刘琮，夹在中间的刘备，地位非常尴尬。

沧海横流，方显英雄本色。考察一个君子的最佳时机是什么？第一，看他在危难关头，如何抉择；第二，看他在危难关头，面对诱惑，又如何抉择。此时，刘备遭遇了一生中最大的危机，巨大的诱惑也接踵而至。

第一个诱惑是刘表的临终遗言。《三国志·先主传》注引《魏书》记载，刘表临终，把刘备叫到病榻之前，交代后事。他说：“我的几个儿子都随我，没有一个像样的，都是废物。咱俩都是姓刘的，都是汉室宗亲，肥水不流外人田。我死了以后，干脆你来做荆州牧，接管荆州，不知贤弟意下如何？”

乘人之危，非成大事者所为。刘备素以仁义著称，赶紧拒绝：“我看您的几位公子都很优秀，你就别多想了，洗洗睡吧，安心养你的病。”

不久，刘表病死，他的小儿子刘琮即位。刘琮是个什么样的人？曹操有个著名的比喻专门说刘琮，他说：“生子当如孙仲谋。”孙仲谋就是孙权，曹操说生儿子就要生个像孙权这样的英雄豪杰，孙权就是汉末三国的“国民儿子”。曹操接着说：“刘景升儿子，若豚犬耳！”刘景升，就是刘表。刘表的儿子，简直就是“豚犬”。豚是猪，犬是狗，曹操是用文言文骂的，听上去比较文雅，用今天话讲就是“猪狗”。刘琮左手接过了刘表的江山社稷，右手就把它拱手让人，没有进行任何抵抗就投降了曹操。所以曹操看不起他，骂他是豚犬。

曹操率领大军南下，刘备见刘琮都投降了，自己也别愣着了，赶紧跑吧。他率领手下一路往南逃跑。当时刘备驻扎在樊城，渡过汉水就到了襄阳，也就是荆州的首府。路过襄阳之时，诸葛亮出了一个计策。他说：“刘琮已经投降曹操了，现在肯定没有防备。我们不妨搞个突然袭击，把襄阳拿下，占领荆州，再作为抗击曹操的根据地。”

这个建议，对刘备来说，是第二个巨大的诱惑——又一次占领荆州的宝贵时机。

但刘备仍然拒绝。刘备认为，刘表临死之前把荆州托付给自己，所以占领荆州、欺人孤儿之事，“吾不忍也”，我不忍心做这种背信弃义的事情。

对以上两次诱惑，可以略作分析，看看刘备的抉择是否明智，是否合乎道义。

第一个关节点，刘表托孤，让刘备接管荆州，刘备应该答应吗？

答案是否定的。

在公而言，荆州是汉朝的领土，荆州牧是国家公职，公权力的转让要经过法定程序，不能私相授受。刘表本人虽然是荆州牧，但他也没有权力把荆州私自让给刘备。如果刘备擅自接手荆州，那么他的荆州牧一职没有任何合法性可言，他就成了与曹操一样的乱臣贼子，也丧失了对抗曹操的最大资本。

在私而言，刘表死后，第一顺位的继承人是他的儿子，轮不到刘备。刘备如果接受刘表的嘱托，接管荆州，刘表的儿子们就会不服，刘表的老部下也会不服。更何况，刘表为人“虽外貌儒雅，而心多疑忌”。他与后妻蔡氏谋立幼子刘琮，已非一朝一夕。他临终将荆州托付于刘备，很难说不是一个阴谋。如果刘备真的接手，必将与刘琮一党发生冲突。曹操还没有打到城下，内部矛盾就已经爆发了。得了土地，失了人心，那么土地最终也不可能保住。所以刘备不应该接管荆州。

第二个关节点，诸葛亮劝刘备攻占荆州，是背信弃义的表现吗？

有人说，刘表当年把荆州给你，你不要，现在刘表死了，你又去攻占荆州，这当然是背信弃义。但问题没有这么简单。

刘表让刘备接管荆州，目的是什么呢？起码从刘表的表达来看，他不想让自己辛苦经营的大好江山败在子孙的手上。结果刘表一死，刘琮就投降了。

《论语》有云：“父在观其志，父没观其行。三年无改于父之道，可谓孝矣。”父亲去世了，做儿子的能够继承父亲的事业，在三年之内不改变父亲的遗愿，那就是一个孝子。刘琮呢？父亲尸骨未寒，他就投降曹操，连曹操都骂他是豚犬，可以说是典型的不孝子。刘琮已经背弃了刘表的“父志”，所以到这个时候，要实现刘表的遗愿、保住荆州，唯一的办法就是攻占襄阳、挟持刘琮，以荆州为根据地反抗曹操。偷袭刘琮、占领荆州，无论以道义还是智慧来考量，都是正确的选择。

刘备不忍心占领荆州，是凭着他的良心做的决定；诸葛亮劝刘备攻占荆州，是对其中纷繁复杂的利害关系、政治伦理进行精确分析以后做出的理性判断。刘备的决定符合个人的品德，是一种修身齐家的小德；诸葛亮的判断才符合政治家的德行，是治国平天下的大德。这才是“立国之道”对一个政治领袖的要求。

济大事，必以人为本

刘备拒绝了诸葛亮的计策，但是他没有马上逃跑，而是停在襄阳城下，朝着城楼上大声呼喊："刘琮在哪里？让他出来跟我对话，我要当面问问他，为什么舍弃祖宗基业？为什么投降曹操？"

这几句话一问，刘琮哪还敢出来？躲在城楼里面，一动不动。刘琮的手下一看，一个英雄，一个狗熊，对比太明显了，我们要弃暗投明！很多人跑出来追随刘备。

老百姓也在琢磨：听说曹操是个杀人魔王，以前打徐州的时候搞大屠杀，杀了十几万人。现在到荆州来，说不定一时兴起，又要杀人。刘琮投降曹操，自然可以得到高官厚禄；但我们这些平头老百姓，搞不好还要做曹操的刀下之鬼。刘备的仁义威信著于四海，何不跟他逃跑？于是城中立刻涌出来好几万人，都发誓跟着刘备。您上哪儿，我们上哪儿，我们这辈子上刀山下油锅，跟定您了！

刘备喊了半天，没见到刘琮，倒是出来一大群官员和百姓，围在马前不肯离去。刘备不免感触万分：我如今一无所有，你们却情愿与我一起流离失所、沦落天涯，我又何忍相弃呢？于是带着官员、百姓一起走。

走到襄阳城郊，刘表的坟墓映入眼帘。墓土未干，尸骨未寒，而荆州却已转属他姓矣！"当初你把荆州托付给我，而我却没能够帮你守住荆州，对不起你。"刘备一念及此，感慨万千，情不自禁下马痛哭。

老百姓见到他在墓前痛哭的情景，感慨刘备果然仁义，我们果然没跟错人。于是，一传十、十传百，一路上跟上来的老百姓越来越多，拖儿带女、携家带口，你挑着担、我牵着马，紧跟刘备，不知路在何方。跑到湖北当阳的时候，追随刘备的老百姓已经有十几万人之多，所以走得特别慢，一天只能走十几里路。另一方面，曹操占领襄阳，得知刘备往南跑了，曹操当机立断，派五千精锐骑兵，一天一夜急行军三百里追杀刘备，务必活要见人、死要见尸。

刘备刚得到消息，就有人劝告："主公，照咱们这个速度，磨磨蹭蹭，一天走不了几里地，这得走到什么时候去？不如丢下老百姓，咱们先跑，等占领了城池，打退了曹操，就能拯救更多的老百姓。"

刘备不假思索，一口拒绝。他说："夫济大事必以人为本。今人归吾，吾何忍弃去！"做大事，要"以人为本"，如今老百姓都来投靠我，把我当靠山，我怎么忍心抛下他们，一个人逃走呢？坚决不同意。这就是"以人为本"的最早出处。

"以人为本"在今天已经成为重要的政治理念，人人耳熟能详，但是在当时军阀割据、天下大乱的情况下，是非常难能可贵的。"以人为本"的关键，是要看见一个个具体的人，而不是仅仅将这个词作为一个口号、一块招牌。如果刘备看到这么多人投靠，却不去保护，扔下他们自个儿跑了，还要给自己找借口，边跑边说："乡亲们，我先走一步。等我保住了性命，壮大了实力，再回来拯救你们！"那就不符合"立国之道"，而堕落为权谋了。东晋史学家习凿齿评价刘备，说他"虽颠沛险难，而信义愈明"，越是在颠沛流离、危急存亡的关键时刻，刘备的信义就越加鲜明。这就是刘备成功的关键所在，也是后来蜀汉的"立国之道"。

以上反复提到了"立国之道"这个词语。"立国之道"究竟是什么？

立国有道，国祚绵长的不二法门

一部二十四史里，有的王朝国祚绵长，享誉青史；有的王朝短命而亡，遭后世唾骂。原因何在呢？具体分析，有各种各样的因素，但是从传统史学、传统政治文化入眼，那么国祚绵长、享誉青史的不二法门，就是"立国有道"。

中国传统政治文化，讲究立国之道。

什么叫立国之道？一个国家，可以制定法律、实施法律。在法律还没有制定的时候，甚至国家还没有成立的时候，评价一个国家建立的过程是不是正当，标准就是立国之道。

立国之道，考察的是一个国家建立的过程是不是符合道义。如果是，这叫“立国有道”，政权就有合法性、正当性，国祚就长，就能名垂青史；如果不是，这叫“得国不正”，政权就没有合法性，会短命而亡，亡了以后还要遭后人的唾骂。

《晋书》记载，东晋有个皇帝晋明帝，是司马懿的玄孙、司马昭的曾孙。晋明帝做皇帝的时候，年纪还很轻，所以对祖上的“光荣”历史不太了解。有一天，他把宰相王导叫来，问：“我们司马家的皇位是怎么来的呀？我们祖上是怎么得的天下呀？有什么光荣的奋斗史，你给朕说来听听。”

宰相王导对历史知识掌握得很丰富，就把真实的历史原原本本、不加修饰地都告诉他了。

王导告诉他，你爷爷的爷爷叫司马懿，当年怎么用阴谋诡计害死了政敌曹爽，杀了很多人，最后把持了朝政；你爷爷的爸爸叫司马昭，当年怎么杀害了小皇帝曹髦，还嫁祸给别人，所以咱们今天有个歇后语叫“司马昭之心——路人皆知”，就是打你爷爷的爸爸那儿来的。这个宰相也不考虑小皇帝的情绪，口无遮拦一顿说，把这小皇帝给臊的呀，满脸通红：我祖上怎么这么缺德呢？听到最后实在是臊得不行了，像鸵鸟钻沙丘一样，一头钻进被子里，说：“若如公言，晋祚复安得长远？”如果你说的都是真的，我们祖上尽靠阴谋诡计得天下了，那我晋朝的国祚还怎么长得了呢？

晋明帝为什么会得出这么个结论？因为他意识到，他的祖上司马懿、司马昭“得国不正”，建立的政权不具有合法性，不符合立国之道。

刘备与诸葛亮，从公元208年开始，就走上了一条艰难曲折的立国之路。在建国的过程中，在许多大关节的问题上，基本能够恪守正道。所以蜀汉虽然弱小，但是中国古代的史学家却纷纷以“正统”许之，历朝历代都有“拥刘反曹”的倾向。蜀汉一个蕞尔小国，却能够在历史上享有如此高的美誉度；刘备以一介中人之资，却能够抗衡智勇卓绝、实力雄厚的曹操，原因在此。

蜀汉正统地位的确立，应当归功于其立国有道，而绝不像一些人想当然地认为的“都是《三国演义》的贡献”那么简单。

但是，道德的追求并不能取代智力的较量，即使刘备已取得道德正统地位，也不得不应对曹操的攻势。随着曹操占领荆州、刘备流离失所，汉末三国最大的智力盛会——赤壁之战，已经拉开了帷幕。

第八章　赤壁博弈

问人间谁是英雄？有酾酒临江，横槊曹公。
紫盖黄旗，多应借得，赤壁东风。
更惊起南阳卧龙，便成名八阵图中。
鼎足三分，一分西蜀，一分江东。

——〔元〕阿鲁威《蟾宫曲·问人间谁是英雄》

闲时布子，会者不忙

刘备放弃了攻占襄阳的大好机会，脚下已无立锥之地，哪里可以落脚呢?

如果要到这个时候才来想办法，那么即便是诸葛亮也无力回天。诸葛亮的本事在于见微知著、料敌先机。早在刘表在世的时候，诸葛亮就已经布下了一颗棋子。这颗棋子当时看来只是一步闲子，如今却成了刘备的救命稻草。

刘表有两个儿子，长子刘琦，次子刘琮。两个人的生母死后，刘表续弦，娶了荆州四大家族之一蔡家的姑娘蔡氏。刘琮后来娶了蔡氏的侄女为妻，所以蔡氏家族倾尽全力打压刘琦，扶刘琮上位。

刘琦并不是一个权力欲很强的人，面对咄咄逼人的弟弟，甘愿退让。他担心的是自古以来政治斗争从不会适可而止，一定是赶尽杀绝。刘琦想起了诸葛亮，此人虽然年轻，却有着与其年龄不相称的智略。

刘琦与诸葛亮并不陌生。前面说过，刘琦的父亲刘表，与诸葛亮的岳父黄承彦，娶的都是荆州望族蔡家的女子，两个人是连襟。刘琦与诸葛亮都是小一辈中的知名人物，自然也有交情。

刘琦借着这层关系，几次三番求教诸葛亮：“我弟弟要取代我，我后妈要谋害我，我父亲不信任我，怎么办？”

诸葛亮每次听到此处，都笑而不语，起身就走。

古人云：“疏不间亲。”这点粗浅的道理，诸葛亮岂能不懂？刘表、刘琦，毕竟是父子；刘琦和刘琮，毕竟是兄弟。我今天自以为和刘琦关系亲，帮着儿子对付老子，帮着哥哥对付弟弟，明天他们父子同享天伦、兄弟重归于好，那将置我于何地？何况，刘琦现在要对付的蔡氏，又是自己岳母的亲姐妹，于情于理，诸葛亮都没有开口的理由。

其实，世界上没有不能说的话，只有不能说的时机。聪明人，懂得创造这样的时机。整本《三国志》中，刘琦都表现得庸庸碌碌，唯独在这里灵光一闪，创造了这么一个时机。

有一天，如往常一样，刘琦邀请诸葛亮来游园。刘琦虽然智谋武略都欠佳，但在文艺方面却颇得乃父风采，把一个小园造得气韵流转。诸葛亮与刘琦边赏玩边清谈，不知不觉登梯上楼，凭栏远眺，以穷千里之目。

赏玩宴饮之暇，刘琦再次求教：“我弟弟要取代我，我后妈要谋害我，我父亲不信任我，请诸葛兄赐示良策！”

诸葛亮一言不合就要下楼，却见楼梯已经被下人们撤掉了。诸葛亮回头，微笑着看了一眼刘琦。刘琦也会心一笑：“今日上不至天，下不至地，言出子口，入于吾耳，可以言未？”意思是现在可以放心说了吧。

诸葛亮明白，说话的时机已到，就轻轻点了一句：“君不见申生在内而危，重耳在外而安乎？”

这里用了一个春秋时代晋国的典故。晋献公有两个儿子，一个是太子申生，另一个叫重耳。这两人的妈都死得早。晋献公晚年宠爱一个叫骊姬的妃子，骊姬为了扶自己的儿子上位，就成天给晋献公吹枕边风，让他废黜申生、重耳。申生得知君父要对自己不利，心甘情愿引颈就戮；重耳则流亡外国，最终历经千辛万苦回来夺得君位，成为春秋五霸之一的晋文公。申生、重耳当时的处境与刘琦简直如出一辙。这个典故，刘琦当然知道，但是刘琦知而不能用，只能作为炫学的谈资而已；而诸葛亮却能灵活运用，变成保命的灵丹妙药，这就是“观其大略”读书法在起作用。

刘琦听了诸葛亮的话，当下心领神会。刚好当时江东孙权讨伐荆州，把江夏的守将给打死了。刘琦就向刘表请示：“能否让我去镇守江夏、防备孙权，为父亲分忧？”刘表和蔡氏巴不得刘琦远离权力核心，滚得越远越好，立即同意。

刘表死后，荆州望风而降，当年权力斗争的胜利者刘琮，如今却无立锥之地；而当年权力斗争的失败者刘琦，却保有江夏一郡。历史的发展就是如此吊诡。

更加出人意料的是，诸葛亮当年布下的这颗“闲子”，如今成了刘备绝地反击的根据地。刘备率领十几万军民，在曹操五千精兵的穷追猛打之下，逶迤而行，直奔江夏而来。

被低估的战略家

除了曹操的五千精兵以外，还有一个人也在追刘备。

这个人名叫鲁肃。

鲁肃在《三国演义》里的形象是一个老好人。他扮演的角色类似于福尔摩斯身边的华生，他的存在是为了衬托诸葛亮的智慧。实际上，历史上的鲁肃完全不是如此。鲁肃在汉末三国，是第一流的战略家。我们先来看一段史书的描写，领略一下鲁肃的风采。

《三国志·鲁肃传》注引《吴书》说：鲁肃生当东汉末年，预感天下即将大乱，就放下书本，开始学习骑射击剑。鲁肃家里很有钱，他挥霍家资，吸引了一群英气勃勃的少年，每天跑到山里去，名义上是去打猎，实际上鲁肃以兵法指挥少年们习练战斗技术。当时鲁家的族人、鲁肃的长辈们都感叹："鲁家要完蛋了，居然生下如此狂妄之徒！"（鲁氏世衰，乃生此狂儿！）可这些习惯了太平盛世的老一辈又岂能料到，不是鲁家要完蛋，而是汉朝要完蛋了。

汉末群雄并起，周瑜拉起一支几百人的军队，缺乏粮食，就向鲁肃求助。鲁肃当时家里有两大粮仓的米，各三千斛。鲁肃指着其中一座粮仓，说："拿去用。"这就是鲁肃的格局。

赤壁战后，刘备苦无立足之地，就来找孙权借土地。鲁肃当即劝说孙权："我们现在有荆州、扬州两大州，不妨把荆州借给刘备。"消息传到北方，曹操正在写书法，吓得毛笔都掉在了地上。

这等以天下为棋局，为孙权分忧解愁、让刘备满血复活、令曹操心惊手抖的大手笔，仍是当年"拿去用"的狂儿本色。

那么，在曹操挥师南下、刘备亡命天涯之际，孙权的手下鲁肃为何而来呢？

刘表病死、荆州易帜，牵动着全天下焦灼的目光。在这样洗牌的时刻，谁坐观成败，谁就将在接下来的格局中陷于被动。鲁肃这样一等一的战略家，自然不会袖手旁观。他对孙权说："刘表病死，荆州很快就会被曹操拿下。我想以吊丧为名，出使荆州，观察刘备。如果刘备有能力安抚刘表的残余势力，那我们就与刘备联合，共同抗曹；如果刘备不足以成大事，那我们就突袭荆州，抢占长江中游，在此乱局之中分一杯羹。"

孙权点头同意。鲁肃遂乘一叶扁舟，渡江西来。

说服之道，首在揣摩人心

鲁肃到荆州的时候，刘琮已经投降，刘备也已经逃跑了，所以他一路快马加鞭，终于在当阳追上了刘备。

此时的刘备，已经被曹军追上。经过一场惨烈的激战，刘备惨败。跟随刘备的十几万官民百姓，以及刘备的全部粮草辎重，都被曹操俘获。鲁肃见到的，就是这个落魄至极、却仍难掩枭雄气魄的刘备。

鲁肃把来意说明，双方一拍即合。鲁肃又对诸葛亮说："我是令兄诸葛瑾的好朋友。"一句话，就拉近了双方的距离。

刘备当机立断，派诸葛亮出使江东，跟着鲁肃去见孙权。此时的孙权心里很犹豫，还没决定到底是投降曹操，还是反抗曹操。现在诸葛亮来了，孙权心里面嘀咕："你是刘备的人，肯定为刘备的利益考虑，撺掇我反抗曹操，拿我当炮灰，我要提高警惕。"

诸葛亮对孙权的心思洞若观火，他也在揣摩游说之道。一般的游说，无非动之以利。但孙权的手下可以对他动之以利，诸葛亮却不行。诸葛亮是刘备的使者，无论说得多么天花乱坠，最终一定是为刘备的利益考虑的，所以此道不通。

孙权是个年轻人，比诸葛亮还小一岁。他继承父兄基业，坐领江东未久，意气风发。孙权在私人生活方面，也是个喜欢冒险的人，不惜以万金之躯亲自和老虎搏斗，给后世留下了"亲射虎，看孙郎"（苏轼语）的佳话。这样一个少年英雄，与曹操、刘备这样重实际利益的老江湖完全不同，不能单纯动之以利，而必须激之以气。

诸葛亮见到孙权，对他说："曹操已经统一北方，现在又占领了荆州，没人能打得过他，所以我劝您投降要趁早，千万别犹豫。您要再这么犹豫下去，万一让曹操看出来您不大情愿投降，那麻烦就大了。"

这一番话，完全出乎孙权的意料。孙权觉得很奇怪，你不劝我抵抗，反而劝我投降，还劝我投降要趁早，这是什么意思？就反问了一句："你劝我投降曹操，那试问你们刘备为什么不投降呢？"

诸葛亮一听，笑了。他说："田横，齐之壮士耳，犹守义不辱。"

田横是什么人呢？当年汉高祖刘邦统一天下，只剩下一个齐国的诸侯田横，带着五百将士守在一个小岛上。刘邦说：“你赶紧投降，我封你做个王侯，别劳驾我派兵打你。”田横左思右想，觉得义不受辱，抹脖子自杀了。田横一死，他手下的五百将士集体自杀。这就是历史上著名的“田横五百士”的故事。

诸葛亮说：“田横区区一个齐国的壮士，尚且懂得不能投降的道理，何况刘备乎？刘备以仁义道德反抗强暴，拯救百姓，要么成功，要么死，绝对不可能投降。”

孙权一听，热血沸腾：“我绝不能坐以待毙，我也要抵抗曹操。不过曹操这么强大，我们有几成胜算呢？”

诸葛亮说：“您别看曹操强大，这只是表象，其实曹军有三个致命弱点。第一，曹操远道而来，已经是强弩之末。第二，曹军是北方人，不习水战，现在跑到南方来打仗，这不是找抽吗？第三，荆州人为形势所迫，投降曹操，其实内心不服，这对曹操来讲就是一颗定时炸弹。只要利用好这几点，我们胜算很大。”

孙权当即拍板，决定联合刘备抵抗曹操。

为什么诸葛亮能够说服孙权呢？

有人说，因为诸葛亮口才好，用了激将法。这有一定道理，但是还没有说到关键。

孙权手下的文武大臣，口才也很好，为什么都没能完全说服孙权呢？因为孙权的手下，不管是投降派还是抵抗派，都在用利益说服孙权。你投降曹操有什么好处，不投降曹操有什么好处，争执不下。孙权一直在权衡利弊，所以拿不定主意。

诸葛亮没有单纯用利益说服孙权。诸葛亮说服孙权的关键是八个字：晓之以义，动之以利。中国传统政治文化，不论利害，不论得失，不论成败，只论大是大非。道义是排第一位的，利益只是第二位的。所以诸葛亮先“晓之以义”，他告诉孙权，曹操以诈术和武力夺取天下，我们反抗强暴，这是道之所在，义不容辞，没有商量的余地。所以刘备力量虽弱也要反抗到底，除死方休。正是这一番道义，打动了孙权，使他决定抗曹。然后诸葛亮再“动之以利”，给孙权分析曹军外强中干的实际状况，指出抗曹的胜算很大，打消了孙权的后顾之忧。从这件事情，可以清楚地看到，汉末三大势力的立国之道，各不相同。刘备最弱小，却能在夹缝中生存下来，走向成功，自有其独到之处。

在诸葛亮的撮合之下，孙刘联军在赤壁以少胜多，打败曹操，这就是历史上著名的“赤壁之战”。赤壁之战以后，刘备迅速占领荆州，实现了“隆中对”的第一步。“隆中对”的第二步，是西取巴蜀，也就是夺取长江上游刘璋的益州。

就在这个时候，刘璋主动给刘备送机会来了。

第九章　用兵西南

诸葛来西国，千年爱未衰。
今朝游故里，蜀客不胜悲。

——〔北宋〕苏轼《隆中》

骄矜的代价

刘璋和刘备一样，也是汉室宗亲。东汉末年，刘璋的父亲刘焉在朝为官。他看出天下即将大乱，认为自己不能待在朝中混吃等死，得找个天高皇帝远的地方扩充势力，做个土皇帝。刘焉找人算命，哪个地方比较旺。算命先生说："益州有天子气，你可以去益州。"这个算命先生的话说得没错，只不过这个天子气，不应在刘焉的身上，而是将来应在刘备身上。但刘焉哪知道这些呢？所以刘焉就向皇帝请示："我申请去益州做官，支援西南地区！"这一请求得到批准，刘焉被任命为益州的最高行政长官——益州牧。

刘焉死后，他的儿子刘璋即位。诸葛亮在"隆中对"里，对刘璋有个评价，叫"刘璋暗弱"。"暗"，就是不能明辨是非，智商比较低；"弱"，就是性格懦弱，不够强悍。益州，就是今天的四川一带，自古以来号称"天府之国"，经济发达、人才辈出。现在摊上这么个暗弱的主，当然就引起了各方势力的觊觎。

当时打益州主意的，最起码有四个势力。

第一个是汉中军阀张鲁，他离得最近，而且早年间就已和刘璋结仇，所以一直想要打益州。但是张鲁实力太弱小，一口吃不下益州。

第二个是孙权，孙权一直想要统一南方，益州也是目标之一。但是孙权离得太远，益州在长江头，扬州在长江尾，中间还隔着个荆州的刘备，很麻烦。

第三个就是刘备，诸葛亮早在“隆中对”中就为刘备规划好了，让他先取荆州，再取益州。但是刘备太忙，荆州刚打下来，立足未稳、百废待兴，暂时腾不出手来取益州。

张鲁太弱，孙权太远，刘备太忙，这就便宜了第四个人：曹操。

曹操有统一天下之志，益州当然是其猎物之一。早在赤壁之战前夕，曹操风头正盛的时候，刘璋就派了个叫张松的谋士，出使曹操。刘璋这一手，有点首鼠两端的意思：现在曹操大有统一的可能，我早点儿跟他示好。如果曹操胜了，我就顺势投降；如果曹操败了，我就继续做我的土皇帝。

没想到，张松到了曹操这儿，压根不受重视。曹操当时觉得，我这一战必赢无输。在曹操眼里，刘备、孙权都不算什么，何况区区刘璋？你们愿意投降就早点投降，不愿意投降也无所谓，反正我迟早要收拾你们。所以当时对待张松，曹操也是爱答不理。

张松可不是任人宰割的善茬，他是个有想法有脾气的人，有在乱世建功立业的野心。张松对刘璋不满意，一直想要找个能真正发挥自身才能的主人。本来这次出使曹操，张松就想着把益州出卖给曹操，以立一奇功，将来好在曹操的幕下谋个好差事。要知道，如果曹操得到益州，那么刘备就没有立足之地，“隆中对”的谋划将毁于一旦；刘备没有立足之地，那么孙权便独木难支，曹操即便赤壁战败，也仍然有统一的机会。

东晋史家习凿齿写史至此，大发感慨：“昔齐桓一矜其功而叛者九国，曹操暂自骄伐而天下三分。皆勤之于数十年之内，而弃之于俯仰之顷，岂不惜乎！”春秋时代的齐桓公，骄傲自大了一下，九个盟国便叛他而去；如今曹操稍稍骄傲了一下，结果导致天下三分、统一无望，这都是努力了几十年，却在俯仰之间放弃了，岂不是太可惜了吗？（《三国志·刘二牧传》注引《汉晋春秋》）这就是骄矜的代价。

曹操为什么会骄矜呢？因为他对现状满足了。一个人一生可以犯很多错误，也必然会犯很多错误。而所有的错误中，有一个是最致命的：对现状满足。一旦你对现状满足，对自己满足，那就失去了精进的动力，失败是迟早的事情。

张松出使失败，悻悻归来，正好曹操赤壁惨败而归。张松就劝刘璋："干脆与曹操断绝来往，还是过咱天高皇帝远的老日子。"刘璋没有远略，自然听从。张松则擦亮双眼，继续物色益州的主人。

他相中了刘备。

仁义赢得了民心，也困住了自己

曹操赤壁之战惨败而归后，便调整了战略："失之东隅，收之桑榆"，刘备、孙权不好惹，那柿子拣软的捏，我先拿西北的马超、汉中的张鲁和益州的刘璋下手。等壮大了势力，再从长江上游顺流而下消灭孙刘。所以，曹操派人攻打汉中张鲁，同时呢，吃着碗里的看着锅里的，对益州也虎视眈眈。

刘璋看到曹操要打过来，非常害怕。他把手下人都叫到一块儿，问："曹操现在要打我们，怎么办？"

张松说："单靠咱们自己的力量，肯定打不过曹操。但是咱们可以请外援啊。有个人，号称曹操克星，当年曹操打徐州，是被他打退的；前不久曹操打荆州，又被他打败了。咱们把曹操克星请来，一定可以克曹操。"

刘璋问："你说的这个曹操克星是谁？"

张松说："不是别人，正是刘备。说起来，他和您都是汉室宗亲，还是本家呢。我们可以请刘备过来先下手为强，把张鲁灭了，把汉中占了，再抵抗曹操。"

刘璋一听，非常高兴：自己的亲戚里面，居然还有一个这么有能耐的，太好了！他立刻派另一个谋士法正出使刘备，讨论合作事宜。

诸葛亮说刘璋"暗弱"，这话一点没说错。他不仅弱，害怕曹操；而且暗，连自己的手下都看不清楚。张松和法正这两个人，是刘璋手下的两个内奸。他们俩早就对刘璋不满，想要迎接刘备取代刘璋，让刘备成为益州的新主人。现在刘璋听一号内奸张松的话，派二号内奸法正去找刘备，这正是病人找鬼商量——找死。

法正见到刘备，立刻反水。他说："刘将军您英才盖世，我们家刘璋是个窝囊废。现在我给您当向导，张松在益州给您当卧底，我们里应外合，可以把益州拿下。"

肥肉自己送上了口，刘备却犹豫了。他过不了自己的良心这一关。

取益州，是"隆中对"的既定方针，没有任何可犹豫的。赤壁战后，如果诸葛亮建议刘备立刻攻打益州，刘备不会有丝毫迟疑。但是，现在暗弱的刘璋对我充满信任，满怀热情地邀请我施以援手，而我却利用他的信任，抢他的地盘，这岂是仁人所为？

面对刘备的迟疑，谋士庞统挺身而出。

姗姗来迟的凤雏

庞统是荆州望族庞家的隽才，隐士庞德公的侄子。当年刘备在荆州寻访人才的时候，司马徽曾经给他推荐过"卧龙凤雏"，结果刘备请出了卧龙诸葛亮，而凤雏庞统则已经出仕，所以无缘一面。

赤壁之战以后，刘备逐渐控制荆州，庞统就在此时归附刘备。但这个时候的刘备，可能已经不像当年那样求贤若渴，也可能已经淡忘了司马徽的推荐，只让庞统做了个县令。庞统是志在安邦定国的大才，哪里会把一个小县城放在眼里？于是消极怠工，导致百事荒废，被免官。鲁肃得知此事以后，专门给刘备写信说情："庞统这个人，非百里之才，只有委以重任，才能施展他的本领。"诸葛亮也向刘备说明庞统的才能。这才引起刘备重视，亲自接见庞统，一谈之下，相见恨晚，遂任他为军师中郎将，与诸葛亮齐平。诸葛亮优于理政，庞统长于策算，两人是一对黄金搭档。

现在，庞统看到天大的机会就在眼前，益州已成囊中之物，而刘备却迟疑不决，立刻劝刘备领兵入川。

刘备为难："我与曹操一向水火不容，行事风格也恰好相反。曹操峻急，我就宽缓；曹操暴虐，我就仁义；曹操谲诈，我就忠厚。这才是我的立足基点。如今为了取得益州，而要失信于天下，我不能做这样的事情！"（今指与吾为水火者，曹操也。操以急，吾以宽；操以暴，吾以仁；操以谲，吾以忠。每与操反，事乃可成耳。）

庞统说："如今正是行权道的时候。第一，我们不拿下益州，那就一定便宜了曹操；第二，如果您良心上过不去，那么等将来平定了天下，再给刘璋封个诸侯国作为补偿就是了，不必拘泥这些小节。"（《三国志·庞统传》注引《九州春秋》）

庞统的理由，平定天下后给予补偿云云，不过是自我安慰的借口；但"今日不取，终为人利"，却是非常现实的问题。刘备听后，虽然不能完全打消自己的疑虑，但还是做出决定：诸葛亮与关羽、张飞、赵云留守荆州，自己亲自率领庞统、黄忠、魏延，以及一两万人马西行入川，踏上这片云山雾罩之下的神秘土地。

考验，才刚刚开始。

给你三个选择

刘备一行溯流而上，走到距离成都三百多里的涪县。刘璋听说天下闻名的刘备亲自带兵来助拳，非常感动，立刻跑到涪县迎接刘备。

张松给法正捎了个信，说这是个大好机会，不妨趁刘璋没有防备，借机干掉他，直接接管益州。法正把这个计谋告诉刘备，庞统也举双手赞成，但是刘备仍然犹豫不决，他说："此大事也，不可仓促。"打益州可不是小事，不能仓促行事。

就这样，一边是刘璋的殷勤款待，另一边是刘备的犹豫煎熬，双方在涪县大宴一百多天。最后，刘璋给了刘备大量的物资资助，让刘备帮他北伐汉中的张鲁。同时，刘璋还让益州与汉中交界处的白水关的官兵听命于刘备。交代完毕之后，刘璋握着刘备的手，依依不舍，洒泪挥别。

刘备一生遇强敌无数，从来不曾畏惧。但是，这一次的对手刘璋实在是太柔仁、太懦弱、太忠厚了，反倒令刘备于心不忍。一百多天的欢宴，正是刘璋的警惕心最松懈的时候，但刘备却始终没有下狠心动手；这一百多天，也成了两人最后的蜜月。

刘备虽然情感上犹豫不决，但在理性上依然非常精明。他知道，刘璋让白水关军听命于他是假，监督他是真。白水关外，就是汉中的地盘。一旦出关，关军再把关门一闭，那就弄假成真，真的要和张鲁开打了，这绝非刘备所愿。所以刘备带军队走到距离白水关七八十里的葭萌关，就停驻不动，拿出他的看家本领——收买人心，在这里"厚树恩德，以收众心"。

这一待，就是一年。刘璋再暗弱，也看出问题来了。白水关的守将也不断通风报信，刘璋开始怀疑刘备。久处敌境，兵疲师老，刘备的处境越来越尴尬。在这种情况下，庞统给刘备出主意："咱们再这么拖下去不是办法，我有上、中、下三策，您选一个。"

刘备问："你的上策是什么？"

庞统说："趁刘璋还没有做好防备，出奇兵直取成都，擒贼擒王。"

刘备吓了一跳："太冒险了，这不好。中策呢？"

庞统说："我们假装要回荆州，白水关守将肯定要摆个告别宴给我们送行，在宴会上动手杀掉守将，接管白水关军，向刘璋宣战。"

刘备沉吟半晌："这个可以考虑，那下策呢？"

庞统笑了："回荆州，重新来过。您看着选吧。"

刘备说："上策太急，下策太缓，中策不错。"

刘备之所以选中策，仍然是受困于自己的仁义之心。他无法接受对刘璋搞突然袭击，尽管是你死我活的军事斗争，尽管从入川之日起就已注定要翻脸，但刘备还是希望来一次堂堂正正的宣战。你可以说这是刘备的缺点，但无可否认，这也是刘备的魅力所在。

刘备立刻向刘璋提出："荆州有难，我必须赶回去，麻烦你给我一万军队，再支援我钱粮，让我回去救急。"

刘璋至此，终于大失所望："我好心好意请你来帮忙，给你钱、给你粮，你却在葭萌关磨洋工磨了一年，啥事都没干，现在还有脸来找我要支援？"就给了刘备四千羸卒，钱粮也一律减半。

刘备假装回荆州的把戏，不但骗过了刘璋，也骗过了他安插在刘璋身边的卧底——张松。张松以为刘备真的要走，急得不行，立刻给刘备发了一封密信，劝他一定不能前功尽弃。这封密信落在了刘璋手里，很自然的结果是：张松被刘璋斩首。翻云覆雨一辈子的张松，这回在阴沟里翻了船。

开战的借口终于有了，刘备可以光明正大地撕破脸皮了。

你也有错，我也有错

接下来，刘备就按照庞统的策划，摆了一场鸿门宴，干掉了白水关的守将，接管了白水关的军队；然后扣留白水关军队的家属为人质，将这支军队变为反攻刘璋的急先锋。

一旦撕破了温情脉脉的面皮，刘备那一代枭雄的狠辣手段立刻开始起作用，一路势如破竹。重新打回到当年和刘璋一起欢宴高歌的涪县，刘备心情大好，置酒庆贺。酒席上，刘备听着音乐，赏着舞蹈，品着美酒，情不自禁地慨叹："今天这场宴会，真是快乐啊！"

庞统立刻在旁边泼了一盆冷水："讨伐他人的国家，竟然以此作为乐事，这不是仁者所为。"（伐人之国而以为欢，非仁者之兵也。）你不是一向以仁义自居，扭扭捏捏不肯打刘璋吗？现在那副仁义的嘴脸哪去了？怎么高兴成这样？

气氛变得异常尴尬。

刘备当时已经喝得醉醺醺的了，听到这话，恼羞成怒，立刻搬出古人的典故给自己洗白："当年武王伐纣，还不是前歌后舞的？我哪里做错了？你喝多了，快出去吧！"

庞统起身就走了。

而刘备平时喜怒不形于色，冷静下来，立刻感到刚才失言了，派人请庞统回来。庞统回到原来的位子上，一屁股坐下，也不向刘备道歉，吃喝如常，言笑自若。

而刘备心里仍然感到有点别扭，想给自己找回点面子，也给庞统一个台阶下。他问："刚才是谁错了？"

庞统回答："你也有错，我也有错。"（君臣俱失。）

你的错，在于非得以仁义为标准，来束缚自己的手脚；我的错，在于用你的标准，来评价你的言行。归根结底，还是你的错。

刘备听了，哈哈大笑，心中释然。

可惜，在接下来的战斗中，庞统为流矢所中，重伤而死。这位年仅三十六岁的凤雏，还没来得及展翅翱翔，就已抱憾而终。失去庞统的刘备如断一臂，心情沉痛无比，再加上战事不利，只好招呼诸葛亮带兵入川助攻。

诸葛亮的处女战来了。

第十章　依法治蜀

诸葛亮之为相国也，……犯法怠慢者虽亲必罚，服罪输情者虽重必释，游辞巧饰者虽轻必戮；善无微而不赏，恶无纤而不贬，……终于邦域之内，咸畏而爱之，刑政虽峻而无怨者，以其用心平而劝戒明也。

——〔西晋〕陈寿《三国志》

同僚关系，比敌我关系更复杂

汉代的士人，入则为相，出则为将，还没有像后世那样文武分途。诸葛亮在草庐隐居之时，应该就曾学习兵书战策，现在要领军上阵，也并不为难。诸葛亮留下刘备集团的老资格关羽镇守荆州，自己带了张飞、赵云入川。

诸葛亮的到来使得刘备军声威大震，很快兵临成都城下。正巧这个时候，凉州的军阀、以骁勇善战闻名天下的马超也来投降刘备，参与围城。刘璋得知大势已去，一声长叹，献城投降。军事斗争结束，更加复杂的考验来临。

后人论史，有句名言："天下未乱蜀先乱，天下已治蜀未治。"四川，以其独特的地形与文化，成了治国理政的一块试金石，考验着历代不同政权统治者的成色。刘备、诸葛亮占领四川，将会交上怎样的答卷呢？

刘备能够拿下益州，法正是一大功臣。所以，刘备进入成都以后，封法正为蜀郡太守、扬武将军，地位非常高，史称"外统都畿，内为谋主"。都畿，就是首都附近，益州的心脏地带，也就是蜀郡，归法正管；谋主，就是首席谋士，法正成了刘备集团的大脑。

法正这个人，能力很强，心眼很小。他以前在刘璋手下的时候，对自己的官职、待遇不满意，自认为郁郁不得志，所以极力帮助刘备，以建立新政权。现在法正是刘备手下的大红人，扬眉吐气。当年谁对我好、谁对我差，我心里都有一本账。现在有恩报恩，有仇报仇，我法正绝不含糊。

《三国志·法正传》记载，法正当上蜀郡太守以后，“一餐之德，睚眦之怨，无不报复”，谁请法正吃过一顿饭的，他也涌泉相报；谁瞪过法正一眼的，他都赶尽杀绝。“擅杀毁伤己者数人”，擅自杀害了好几个仇人。

有人找到诸葛亮告状，说法正也太嚣张了，您得禀报主公，依法严办。没想到，一向以公正著称的诸葛亮竟然不同意。诸葛亮说：“当年主公在荆州的时候，北有曹操之觊觎，东有孙权之逼迫，兵力薄弱，土地狭小，没有办法大展宏图。幸亏有了法正帮忙，主公才能入主益州。正是法正让主公摆脱了限制，现在主公又怎么能反过来限制法正呢？”

诸葛亮的这个态度，让后人感到非常费解。

首先，这不符合诸葛亮一贯的主张。诸葛亮的“隆中对”就明确表示，占领益州以后要“内修政理”，现在对法正包庇纵容，是“内修政理”的表现吗？

其次，这不符合诸葛亮的人物形象。《三国志》评价诸葛亮“犯法怠慢者虽亲必罚”，为什么偏偏法正犯法，就睁一只眼闭一只眼了呢？

所以有人怀疑，这条史料是假的；也有人觉得，这才是真实的诸葛亮，平时那个大义凛然的诸葛亮是装出来的。

读史，贵在能根据纸面上的记载，细心体察文字背后古人的心曲隐衷，才能做到不枉不诬。对于诸葛亮来讲，与法正的同僚关系，比入川时与刘璋的敌我关系，更复杂百倍。

一个政治家身处于复杂的政治环境中，会表现出多种面貌，但是要注意：这种种面貌背后的精神是一以贯之的。诸葛亮纵容法正，看上去，似乎是因为法正对刘备有恩，是大功臣，所以可以搞特殊：实际上，诸葛亮这么做，有其不得已的苦衷。

诸葛亮不在其位，也只得不谋其政。攻占成都以后，诸葛亮的官职是军师将军，法正是扬武将军，两个人是平级关系，谁也管不了谁。所以，不在其位，不谋其政，这本身就是法治的题中之义，诸葛亮没有权力越位惩办法正。

此外，诸葛亮此时也需要缓和新旧矛盾。法正案件，不是一个普通的司法案件，还有着复杂的政治背景。对益州刘璋的旧部来讲，刘备、诸葛亮是外来者。益州旧部的总代表，就是法正。现在刘备刚刚进入益州，益州旧部犹如惊弓之鸟，纷纷对新政权保持观望状态。在这样敏感的时候，诸葛亮如果拿法正开刀，那么在益州人看来，你处理的就不是法正一个人，而是冲着我们益州人来的。你今天能拿法正开刀，明天倒霉的可能就是我们。这样一来，会引发益州人的猜疑和不满，激化新旧势力之间的矛盾。所以，诸葛亮不得不慎之又慎。

而且，诸葛亮要办法正，实在无法可依。在攻占成都之前，刘备集团主要是一个军事集团，基本上不存在法制建设。谁犯了错误，该打还是该杀，拉到刘备面前，让刘备说了算就行了。这种战时法制，方便、快捷、效率高。

但是现在的刘备集团已经不是当年了，它已经是一个跨有荆州、益州两个大州，三分天下有其一，管辖人口一百万以上的实体政权了。以前刘备手下，就关羽张飞赵云几个，新来一个诸葛亮，都是熟面孔，真有谁犯了错，打个哈哈就过去了。现在刘备手下的官员人数激增，龙蛇混杂，要是再靠熟人社会、帮派大哥那套管理办法，肯定是行不通的。

在没有法律的情况下，再正直的司法，都是人治。

不仅是法正的问题，对老百姓的日常管理，也要求有一部法律可以参照。

《三国志·简雍传》记载，刘备刚刚占领成都的时候，因为大旱，收成不好，所以严禁酿酒，以节约粮食，违者严惩不贷。有一天，刘备带着谋士简雍，一起查看禁酒的情况。

这时，有个小吏来报告，在一户人家搜到了全套酿酒的工具，特意来请示刘备："这算不算酿酒？是否按照酿酒罪处罚？"

刘备想也没想，说："算呀！有酿酒的工具那肯定是要酿酒，要不然是干吗呢？搞收藏吗？给我严惩不贷！"

简雍在一边听了，知道刘备说得不对，但是他没吱声，两个人继续巡逻。

走了一会儿，迎面走过来一对青年男女，简雍对刘备说："那个男的要强奸那个女的，请把男的按强奸罪抓起来。"

刘备觉得很奇怪："你怎么知道？你能未卜先知吗？"

简雍说："因为他有强奸的工具。既然有酿酒的工具就算酿酒罪，那有强奸的工具当然应该算强奸罪。这不是您自己的逻辑吗？"（彼有其具，与欲酿者同。）

刘备听了哈哈大笑，知道刚才那个案子判错了，简雍这是在讽刺自己呢，赶紧找人纠正过来。这个案子是正好有简雍及时纠正，没有闹成冤假错案，那别的案子呢？荆州、益州两个大州几百万人口，刘备一个人怎么管得过来呢？

所以，刘备集团亟须制定一部新的法律，以做到有法可依。在这样的背景下，诸葛亮主持制定了《蜀科》。

问题不在于法律怎么写，而在于现实怎么做

《三国志·伊籍传》记载，刘备攻占成都以后，由诸葛亮领衔，和

法正、刘巴、李严、伊籍五个人共同制定了一部法典，这部法典史称《蜀科》。

科，是汉朝的一种法律形式，效力位阶比较低。如果说汉朝的律，相当于今天最高权力机关制定的法律，效力最高，那么科充其量是行政机关制定的法规和规章。

为什么诸葛亮不直接制定一部《蜀律》呢？

因为汉朝还在。

汉献帝虽然是曹操手上的傀儡，但毕竟名义上仍是大汉天子。你要制定律令，必须要得到皇帝的批准。皇帝控制在曹操手里，诸葛亮当然不可能制定一部法律，然后再用快递送到洛阳去给曹操批准，那永远不可能被批，所以干脆用了一个变通的办法，制定效力、位阶比较低的科，一方面仍然承认汉朝的法统，另一方面也为刘备集团提供了一部基本法。

中国的问题，往往不在于法律上怎么写，而在于现实中怎么做。所以不要以为法律制定出来就完事了，那就太天真了。真正的麻烦还在后面。

《蜀科》制定完成以后，法正又来找碴儿了。

法正虽然是《蜀科》的立法者之一，但是他没有把立法当回事儿。他觉得，一个政权建立了，肯定要制定法律嘛，这是一个面子工程。法律制定出来以后，摆在一边装装样子就行了，我该怎么着还怎么着，我是功臣我最大，谁敢管我？没想到，诸葛亮对《蜀科》的执行非常认真。以前是无法可依，所以放你一马；现在有法可依了，那就要执法必严、违法必究。以前没有《蜀科》，刘备和诸葛亮如果惩办法正，有派系斗争、打压本土势力的嫌疑，会引起益州人的不满；现在有了《蜀科》，法正再往枪口上撞，那就不是诸葛亮和法正过不去，而是法正和法律过不去了。所以诸葛亮严格执法，不用再顾虑政治矛盾的问题。

法正被限制得很痛苦，没有办法快意恩仇了。他决定找诸葛亮吹吹风。

法正是个聪明人，他不会傻乎乎地跟诸葛亮说：你执法太严格了，搞得我都没办法违法犯罪了。要不你睁只眼闭只眼，让我继续胡作非为？这样诸葛亮肯定不同意。所以法正拿出一个历史典故，跟诸葛亮讲道理。

法正说："以前刘邦打天下，和关中父老约法三章，把秦朝那些严酷的法律都给废除了，这样一来得到了民心。现在您和主公刚刚进入益州，也应该学学刘邦，不要搞得这么严。"

诸葛亮明确反对。他解释说："你只知其一，不知其二。秦朝末年，法律太严，所以刘邦要矫之以宽；刘璋做益州牧的时候，为人暗弱，法律太宽，所以我现在要矫之以严。治理的关键，就在于此。"

法正被驳得哑口无言。

立法宽而执法严，才是法治之道

那么，《蜀科》的内容，是不是很严酷呢？根据我的研究，不是的。不管和汉朝相比，还是和曹魏、孙吴相比，蜀汉立法都是最轻的。

先和汉朝比。同一个罪名——"诬罔"罪，也就是欺君罔上，史料所见汉朝官吏犯这个罪的有七个人，其中两个人被腰斩，两个人死在牢里，一个人自杀，剩下的全都被斩首，可见"诬罔"在汉律中是死罪。那么蜀汉呢？蜀汉的李严犯过"诬罔"罪，结果是"废、徙"，废就是革职，徙就是迁徙到边远地区，比汉律的处罚要轻得多。

再和曹魏比。三国时期，最重的刑罚就是"夷三族"，也就是满门抄斩。根据法律史名著《九朝律考》统计，曹魏使用"夷三族"的刑罚至少有十五例，而蜀汉只有一例，就是杀魏延的时候，但那是在诸葛亮死后使用的，有政治斗争的嫌疑。诸葛亮生前处罚犯人，从来不搞连坐。由此可见《蜀科》比魏律要轻得多。

最后和孙吴比。孙吴的刑罚在三国之中最为严酷，发展到后期，有剥面皮、挖眼珠、用烧红的锯子锯断人头等酷刑。而蜀汉呢？连砍手砍脚这样的肉刑都没有，打二十大板，都要诸葛亮亲自过问，可见刑罚之轻。

那么，为什么法正会认为诸葛亮太严呢？

因为诸葛亮推行法治的特点是：立法宽而执法严。立法宽，就可以给人以生路，以免陷入法网；执法严，才能够严厉打击铤而走险者，体现法律的威慑力。《三国志》借孟子的一句话评价诸葛亮，叫“以生道杀人，虽死不忿”，诸葛亮的法治之道，目的不在于杀人，而是活人，所以即便有犯法的人遭到处置，也是咎由自取，没有怨恨之心。这就是诸葛亮所谓的“为治之要，于斯而著”。

在诸葛亮的悉心治理之下，刘备集团蒸蒸日上。刘备见后方稳固了，便决定率领军队北上，跟曹操争夺汉中。汉中之战爆发。

在汉中之战中，诸葛亮扮演了怎样的角色呢？诸葛亮“隆中对”和依法治蜀的大政方针，在推行的时候又遭遇了什么样的困难呢？

第十一章　汉中称王

公之托身先主也，非信先主之可为少康、光武也，耻与荀彧、郭嘉见役于曹氏，以先主方授衣带之诏，义所可从而依之也。上非再造之君，下无分猷之士，孤行其志焉耳。

——〔明〕王夫之《读通鉴论》

谋士与大臣的区别

诸葛亮制定《蜀科》，依法治蜀，取得了良好的效果。《三国演义》说，刘备在四川站稳了脚跟，就带着军师诸葛亮和老将黄忠北上，跟曹操争夺汉中。诸葛亮见黄忠年纪大，是一员老将，就故意用了一个激将法，说敌将多么多么厉害，你老黄忠不要冒险出战，万一在战场上腰酸背痛腿抽筋，可不是闹着玩的，搞不好会有生命危险。黄忠一生最不服老，被诸葛亮一激，气得不行。

京剧名段《定军山》里面，黄忠跟诸葛亮立下军令状："只要黄忠一骑马，匹马单刀取定军。十日之内得了胜，军师大印付与我的身；十日之内不得胜，愿将老头挂营门！"结果，黄忠在定军山斩杀曹营名将夏侯渊，一战成名，一举拿下了汉中。

这些故事，都是小说和戏曲的虚构，看热闹归看热闹，却不能当真。实际上，刘备打汉中带的谋士不是诸葛亮，而是法正。黄忠斩杀夏侯渊的著名战斗，正是法正一手策划的杰作。

法正确实有他的独到之处，他的反应非常敏捷，在战场之上机变百出，善于打破常规。《三国志》说"亮每奇正智术"，法正的"智术"，连诸葛亮也啧啧称奇，自叹弗如。

比如说，在汉中战场上，有一次刘备军处于下风，形势非常危急，大家都劝刘备撤退。刘备当时杀得性起，眼睛都红了，坚决不肯撤退，一个劲儿冲在前面。法正见状不妙，立刻冲得比刘备还远，突进到枪林弹雨之中，好几次差点被飞箭射中。刘备看得胆战心惊，连连喊叫：“你快走！”法正说：“您都亲当矢石，我怎么能走？”刘备不得已，只好说：“行了，我们一起走！”（《三国志·法正传》注）这份看透人心、利用人性的机智，确实是非常高明的。所以汉中之战后，曹操听说是法正给刘备出的主意，就感慨了一句：“我就知道，单凭刘备，是打不出这么漂亮的仗的，背后肯定有高人指点。”（吾故知玄德不办有此，必为人所教也。）又感慨说：“天下奸雄，差不多都被我收罗在帐下了，唯独遗漏了法正！”（吾收奸雄略尽，独不得正邪！）

法正擅长计算人心，这是一个职业谋士之所为；而诸葛亮擅长培固国本，这才是大臣之体。两人各司其职，才能带来刘备集团的局面。

汉中之战的时候，诸葛亮既然不在前线帮刘备出谋划策，又在干什么呢？

人事工作，险于军事斗争

《左传》有云：“君行则守，有守则从。从曰抚军，守曰监国，古之制也。”中国古代打仗有个规矩：君主出征，太子监国；如果太子还小呢，那就由别人出征，且另安排人辅助太子监国。所以刘备在前线打仗的时候，诸葛亮在成都留守。

虽然在后方，诸葛亮也没闲着，他做了两件事情。

第一，足食足兵。

《三国志·诸葛亮传》说："先主外出，亮常镇守成都，足食足兵。"足食足兵，就是为前线的刘备提供充足的粮食和兵员，这是中国古代为政之道的头等大事。

《论语》记载，子贡问孔子："治理一个国家，最重要的是什么？"孔子说："足食，足兵，民信之矣。"为政最重要的三件大事，一是足食，二是足兵，三是让老百姓信任政府。

刘邦打天下的时候，就由萧何在后方足食足兵，所以汉朝建立以后论功行赏，萧何排名第一。刘备外出打仗，诸葛亮足食足兵，由此可以看出诸葛亮在刘备集团中的地位与定位。以汉初三杰比拟，诸葛亮是刘备的萧何，法正是刘备的张良，关羽率军独当一面，是刘备的韩信。

第二，凝聚人心。

刘备集团，是一个新成立的政治集团，人员构成很复杂。有一开始就跟着刘备混的老跟班，比如关羽、张飞；有原先益州刘璋的手下，比如法正、刘巴；还有后来投降的新进人员，比如马超。这么复杂的人员构成，肯定会存在种种矛盾和冲突，需要一一化解，从而凝聚人心。做这种人事工作，非常烦琐，既需要高超的智慧和情商，也需要心细如发。处理这种工作，"睚眦必报"的法正是不行的。刘备手下唯一具备这些素质的人，就是诸葛亮。举两个例子。

第一个，是马超和关羽的矛盾。

马超是凉州的名将，打仗非常厉害，一度把曹操逼到了绝境。后来马超兵败，投靠刘备，并且亲自带兵直逼成都城下，吓得刘璋举白旗投降。刘备当然非常高兴，给马超加官晋爵，把马超的地位抬得很高。

关羽听说以后，心里很不服气。关羽在刘备手下资历最老，武功最强，地位最高。现在马超来了，关羽就想：你是不是要挑战我"一哥"的地位啊？就给诸葛亮写了一封信，"问超人才可谁比类"，马超这个人，可以和谁相比？其实关羽的言外之意就是，马超能不能跟我比？

这封信，很不好回复。诸葛亮要是回信说，马超当然比你强了。你当年被曹操俘虏过，马超呢，把曹操打败过，你自己说你俩谁强？那就把关羽给得罪了。诸葛亮要是说，马超哪能跟您比呢？您是关二爷呀，马超他才排老几呀？那就把马超给得罪了。弄不好就会里外不是人。

诸葛亮怎么说的呢？他知道关羽性格高傲，心眼又小，所以回信说：马超兼资文武、雄烈过人、一世之杰，相当于刘邦部下英布、彭越这样的悍将，可以跟张飞并驾齐驱。他首先充分肯定了马超，而且说马超可以与张飞相比。张飞和关羽一样，都是老革命，两个人不相上下，这个评价对初来乍到的马超来讲，不可谓不高。

接下来话锋一转："犹未及髯之绝伦逸群也。"髯，就是大胡子，关羽的胡须长得很漂亮，后世号称"美髯公"，所以诸葛亮用"髯"来指代关羽：马超虽然这么厉害，但还是比不上大胡子。这是一句双关语：在关羽看来，表示马超比不上我关羽；在别人看来，也可以理解为：马超别的方面都很强，唯独胡子比不过你的漂亮。此外，韩信、英布、彭越是刘邦帐下的三大猛将，其中韩信的地位特出，是"汉初三杰"之一。诸葛亮以英布、彭越比拟马超、张飞，虚留出的战神韩信的位置，当然是暗许关羽。关羽熟读史书，自然能够领略其中之义，所以接到来信后，"大悦，以示宾客"，高高兴兴地拿给别人看。

一封信，轻轻巧巧化解一场矛盾于无形。

工作到位，死硬派也能化敌为友

第二个，是刘巴和刘备的矛盾。

刘巴是刘备的死对头，这个人非常有个性。他本来是刘表的手下。刘表死后，一些老部下投靠了刘备，刘巴并没有。刘巴很讨厌刘备，觉得刘备假仁假义，别人都吃你那一套，我偏不。所以刘巴孤身一人北上，投降曹操。

曹操当时正要打赤壁之战，踌躇满志，就对刘巴说：“我现在要南下统一全国，你是湖南人，对湖南应该很熟悉，那麻烦你到湖南一带帮我做敌后工作，安抚人心。等我打下了湖北，再去接应你。”

刘巴闻言，就跑到了湖南。结果曹操话说大了，谁也没有料到，赤壁之战曹操输了，刘备占领了湖北。刘巴一看，回不去了，十分犹豫。诸葛亮知道刘巴是个人才，专门给他写了封信，说刘备雄才盖世，希望你能前来投奔；更何况你也已经回不去了，就别多想了，干脆投靠我们得了。

刘巴偏不，北方回不去了，他就往南跑。刘巴的计划是：先跑到广西，再从广西绕道贵州，再从贵州北上进入四川，想要迂回地跑到曹操那里。没想到刘巴千里迢迢跑到四川的时候，正好刘备攻占成都，俘虏了刘巴。刘巴实在没辙了，这可能就是传说中的缘分吧！只好投降刘备。

张飞很仰慕刘巴，觉得这个人很有才华，而且又这么有性格，我很喜欢，就上门拜访刘巴。没想到刘巴一句话都没理他，正眼都没瞧他一下，就把张飞给气跑了。

诸葛亮听说以后，来劝刘巴：“张飞虽然是个武将，但他很仰慕你，所以才来拜访你，你怎么不理他呢？你哪怕装装样子也行啊。”

刘巴说：“大丈夫处世，当与四海之英雄交往，怎么能跟一个当兵的废话呢？”

刘备听说这件事情以后，气得牙根痒痒，恨不得弄死刘巴。诸葛亮劝刘备：“运筹策于帷幄之中，吾不如子初远矣。”刘巴字子初。诸葛亮说运筹帷幄，我远远比不上刘巴，所以您作为君主要有容人之雅量，用人之长，避人之短。刘备这才咬碎钢牙，勉强咽下了这口恶气。

果然，刘巴很快就开始发挥作用了。刘备当年打成都的时候，为了激励士气，说：“各位加油，打下成都以后，国库里的金银财宝任你们拿！”反正是拿刘璋的财富做人情，也不心疼。没想到，刘璋主动投降了，士兵们进了成都，争先恐后地抢国库，拦都拦不住。等刘备好不容易喊停，国库里面一个子儿都没剩下，全空了。没有军费，怎么办？刘备来请教刘巴。刘巴说："这太简单了，你造一批大面额的铜币发行到市面上去流通，国库一下子就可以满了。"刘备依计而行，果然见效。不仅如此，后来刘巴参与制定《蜀科》，为蜀汉政权的法制建设也做出了很大的贡献。

正是因为诸葛亮在后方足食足兵、凝聚人心，所以刘备能够免除后顾之忧，顺利攻占汉中，实力达到了顶峰。借此机会，诸葛亮决定亲自操盘，助推刘备更上一层楼。

铁血宰相

在厉行法治、处理人事工作的过程中，诸葛亮也展现出其铁血的一面，对于损害大局的思想言论绝不容忍。这一点也无须为古人讳。《三国志·蜀书》第十篇，是蜀汉臣节不终的七个人的合传。这七个人，分别是刘封、彭羕、廖立、李严、刘琰、魏延、杨仪。他们的失势或死亡，几乎都与诸葛亮有直接或间接的关系。从中不难看出诸葛亮面临的局势之复杂，同时也可以看到他铁血强硬的一面。

刘封是刘备的义子。他原本姓寇，是皇室一个支派长沙刘氏的外甥。刘备初到荆州时，已经年过四十，却还没有子嗣，就收养寇封为义子，改名刘封。按照汉代的礼法，是不能收养异姓为后嗣的。如果没有继承人，只能从同宗、同族之中收养，但刘备身处乱世，同宗同族早已失散，无法恪遵礼法。所以刘封的问题，追根溯源，是刘备早年不遵礼法遗留的历史问题。

刘封武艺高强，在刘备攻克益州的过程中，立下了不少军功，在军队中享有一定的威望。但是此时刘备已经有了嫡长子刘禅，所以刘封的地位逐渐尴尬起来。益州平定之后，刘备派刘封与降将孟达一起镇守蜀汉的东三郡。一方面，东三郡地处魏、蜀交界处，必须派亲信镇守；另一方面，也是为了把刘封支出权力中心，在政治上把他边缘化，以免他将来威胁刘禅的地位。

刘封到了东三郡之后，又犯了两个错误。关羽失荆州的时候，刘封没有及时救援，令刘备心怀恨意；此后，刘封没能处理好与孟达的关系，导致孟达叛蜀降魏，东三郡失守，造成了巨大损失。刘封丢了东三郡，逃回成都，重新返回了权力核心。

怎样处置刘封？说起来，可大可小。刘封是刘备的义子，又有军功，往轻了说，完全可以降级罚俸，敷衍了事；刘封是败军之将，不仅失陷国土，还逼反降将、害死关羽，往重了说，判个杀头，也不为过。权衡完全在刘备手上。

就在这时，诸葛亮施加了举足轻重的影响。

诸葛亮说："刘封性情刚猛，年龄又大。万一将来权力交替，以刘禅温和的性格和幼小的年龄，恐怕制不住这位猛将出身的义兄。长痛不如短痛，干脆借此机会除掉刘封，以免将来有更大的祸患。"刘备这才痛下杀手，赐死刘封。

仅仅从道德情感考虑，刘封此时是没有什么歪心思的。孟达背叛之后，曾经劝刘封："你在蜀汉处境尴尬，将来处处被刘禅压一头，干脆也一起投降曹魏。"刘封毅然拒绝。此时被刘备赐死，刘封临终悔恨："我真后悔，没有听孟达的话！"

应该说，刘封之死，并不是单纯的法律事件，更多的是出于政治的考量，有权谋的意味。但是中国政治文化中，两个势均力敌的继承人，向来是国之大患。诸葛亮熟读史书，深明此理，当年就曾用申生、重耳的典故劝说刘琦。让刘封出镇东三郡的安排，很可能也出于诸葛亮的谋划。如今刘封以戴罪之身，重返成都，成为蜀汉政权潜藏的不稳定因素。就算刘封本人无意，难保不会被人利用。将来刘备去世，如果刘封惹出乱子，刘禅想要对付刘封，必然要陷入名不正言不顺的尴尬之中。出于长远考虑，诸葛亮只好劝刘备痛下杀手，亲手除掉他自己早年违反礼法种下的恶果。不得不说，这是以刘封个人的悲剧，阻止蜀汉举国的悲剧。从历史来看，曹魏、孙吴都曾经发生继承人问题，产生了许多无谓的内耗，而蜀汉则异常稳定，以刘禅之暗弱，竟能在位四十年之久，保障了国内的长治久安。孰是孰非，这个问题留给历史去判断。

刘封是刘备旧部，彭羕则是益州降臣。

《三国志》对彭羕外貌的描写，与诸葛亮一样，也是“身长八尺，容貌甚伟”。但彭羕是个狂生，恃才傲物，所以在刘璋手下并不得志，甚至得罪受罚，被髡钳为奴隶。刘备入川，因为庞统、法正的推荐，重用彭羕。彭羕志得意满，骄矜之色溢于言表，便开始报复过去欺压他的益州人士。

诸葛亮观察到彭羕“心大志广，难可保安”，认为他是蜀汉内部的不稳定因素，便劝刘备放他一个外任，不要留在政治权力的核心。刘备私下观察，也认为彭羕太嚣张，不利于安定的局面，就让他去做了江阳太守，实际上是贬官。彭羕心中不悦，赴任之前，找马超喝闷酒。

马超说：“你老人家才华横溢，我一直觉得你应该和诸葛亮、法正一样受到重用，为什么突然放了个外任呢？”这话兼有吹捧、安慰和打抱不平的意思。彭羕喝多了，冷不丁骂了一句：“刘备这个老兵油子，年纪大了，脑子昏掉了，有什么好说的！”（老革荒悖，可复道邪！）马超听了，吓了一跳，没敢接话。彭羕醉眼迷离地望着马超，饶有深意地说：“将军武勇过人，负责外事；在下多少有点智谋，担任内事。你我合作，天下不难平定。”马超没有吱声。彭羕喝了几杯闷酒，觉得无趣，也就告辞了。彭羕一走，马超立刻找到刘备，检举揭发。

马超为什么如此敏感？因为他原本是凉州的军阀，是与刘备、曹操平起平坐的一方诸侯。如今刚来投奔，立足未稳，正处于嫌疑之地。刘备虽然表面礼待他，实际上对这名悍将不敢掉以轻心，看得很紧。马超拿不准彭羕这番言辞是不是来试探他的，保险起见，就检举揭发了。

彭羕被丢进大牢，这才如梦初醒，给诸葛亮写悔过书，反省自己言辞不当。但是这封悔过书没有起作用，彭羕最终仍然被诛杀，死时年仅三十七岁。

彭羕之死，同样带有鲜明的政治色彩。他是益州本地人，可是与刘璋旧部不能交好，在蜀汉政权缺乏立足根基，反而处处激化矛盾，挑拨新来的马超。他的所作所为，以今天的眼光看似乎罪不至死，但违反了刘备立国之初的基本方略。另外，诸葛亮在此事之中，只是事先预见了后患，劝刘备放彭羕的外任，既是缓和矛盾，也是保全彭羕。没想到彭羕口无遮拦，自取灭亡。整个过程中，无论人事的调任，还是刑事的处死，最终决定权，始终在刘备手中，不宜苛责诸葛亮。

至于廖立、李严，事情发生在刘禅时代，后文再表。总而言之，刘备以羁旅入主益州，不得不平衡新旧两派之间的矛盾。刘备素号仁厚之君，诸葛亮也以公正见称，在其他问题上可以网开一面，即便背叛本国的孟达、麋芳，投降曹魏的黄权，尚且予以宽容，保全了他们的家属。但是一旦触及新旧矛盾的问题，往往斩钉截铁，绝不心慈手软。法正作为益州旧部的头面人物，虽然一时得到纵容，最终仍不得不收敛手脚。刘封仗着义子的身份逼反益州旧部孟达，彭羕以益州人士的身份挑拨各方矛盾，都触犯了新旧派系的红线，因此惨遭杀戮。

必须强调的是，诸葛亮在新旧派系问题上之所以能运用铁血手腕，却不引起各方不满，正是因为他能够一碗水端平。他既不左袒刘备的嫡系，也不放任刘璋的旧部。刘封、廖立、马谡，都是刘备嫡系，一旦有罪，立刻被杀；彭羕、李严、来敏都是刘璋的旧部，一旦挑事，便被绳之以法。

历史学家田余庆先生说："诸葛亮以法治蜀，核心内容是不论亲疏远近，刑赏一统于法。""新人旧人有了共同的刑赏准则，差别日渐泯灭，蜀国统治才能巩固。"（《李严兴废与诸葛用人》）这是洞见历史真相的知味之言。

君臣楷模背后的不和谐

汉中之战后，诸葛亮不失时机地组织文武百官，拥戴刘备为汉中王。诸葛亮在这个时候拥戴刘备为汉中王，有两层意义。

第一层意义：对抗曹操。

汉朝初年，刘邦曾经杀白马立誓："不是姓刘的，不能称王；如果有谁违背誓言，天下共诛之。"东汉末年，曹操悍然违背汉朝祖制称魏王，成为当时天下唯一一个诸侯王。诸葛亮拥立刘备为汉中王，就是为了对抗曹操，一方面向天下人表明正统在我这儿，姓曹的称王，违反汉朝制度，是假王，我姓刘的称王才是名正言顺的正宗诸侯王；另一方面，也是为了给曹操施加压力，你不要轻举妄动，不要想废掉汉献帝自己称帝，你如果由王称帝，我也可以由王称帝，到时候看民心向着谁。

第二层意义：效仿刘邦。

为什么刘备拿下成都，不自称蜀王，而要等到夺取汉中，再自称汉中王呢？这是在效仿汉朝的开国皇帝刘邦。刘邦当年，就是被封到汉中，做了汉王，然后一步一步进取，以弱胜强，打败了不可一世的西楚霸王项羽，建立汉朝。现在诸葛亮拥立刘备为汉中王，也是为了以汉朝的龙兴之地——汉中为根据地，以弱胜强，打败不可一世的曹操。

所以说，汉中称王是刘备和诸葛亮通力合作的阶段性成果，表明当年“隆中对”的战略是成功的。

但是在成功的背后，也有一些不尽如人意的地方。

当年诸葛亮出使东吴，孙权觉得诸葛亮是个人才，想要把他留下来，就派人打探诸葛亮的口风：“我家主人孙权很看好你，你肯不肯留在东吴呢？”

诸葛亮回答说：“孙将军可谓人主。”孙权可以说是个非常优秀的领导，“然观其度，能贤亮而不能尽亮，吾是以不留”，但是我看孙权的度量，他能够把我当普通人才看待，却不能给我提供一个充分发挥的舞台，所以我不会留下来。

那么刘备能不能“尽亮”呢？能不能给诸葛亮提供一个充分发挥的舞台呢？客观来讲，刘备当年能够以左将军、豫州牧之尊，三顾茅庐，去请一个无名小卒，并且能够大体按照诸葛亮的规划来走，已经算是非常难能可贵了。但是，刘备有他自身的局限性。在刘备的手下，诸葛亮是没有办法完全施展他的抱负的。

刘备的局限性就在于：他的格局不大，层次不高。

前面讲过，刘备年轻的时候不喜欢读书，是个不良少年。长大以后，带着一帮铁哥们儿辗转流窜于各地，没有一个安身之处。现在短短几年突然拥有了一百万平方公里的土地、一百万人口的臣民，成了一个暴发户。刘备没有办法在这么短的时间内适应现状，他还是用老的一套管理办法。清代史学家赵翼指出，三国的用人方式各不相同，各有各的特色，“曹操以权术相驭，刘备以性情相契，孙氏兄弟以意气相投”（《廿二史劄记》）。“以性情相契”，从正面理解，是说刘备以感情相处，情深意长，这是刘备的魅力所在；从反面理解，是说刘备喜欢感情用事，有些事情未必能够准之以道义。

举个例子。刘备入川的时候，还没和刘璋闹掰，两个人一起喝酒。刘备看到刘璋手下有个人叫张裕，一脸大胡子，把嘴都遮上看不见了。刘备觉得这个人长得很好玩，就开玩笑，讲了一个冷笑话："我是河北涿县人。我们那儿很多姓毛的，整个涿县东南西北都是姓毛的，我们县令就说了一句话：'诸毛绕涿居乎！'"

刘备在这里玩了个文字游戏。涿县的涿和啄木鸟的啄同音，啄，就是嘴巴的意思。刘备这句话是在讽刺张裕。"诸毛绕涿居乎"，你绕着嘴全是毛，你一嘴毛，长得真有意思。

没想到张裕也毫不客气，你敢讽刺我的长相，你以为你就长得好看吗？他也现编了一个故事，吐槽刘备。

张裕说："以前潞县有个县长，后来被任命到你们涿县当县长去了。他刚刚从潞县的位置上退下来，还没有到涿县上任，路上碰到熟人了。熟人心想，我该怎么叫你呢？我是叫你潞县长好呢，还是叫你涿县长好呢？嗨，干脆合一块儿，我就叫你'潞涿君'！"

张裕也玩了个文字游戏。潞谐音露，露在外面；涿谐音啄，嘴巴。潞涿君（露啄君），就是把嘴巴都露出来了。为什么露出来呢？因为你嘴上没毛，整张嘴都露在外面。

张裕为什么这么说？根据史书的记载，刘备不长胡子，所以张裕以此来反唇相讥。（先主无须，故裕以此及之。）这个骂得有点太狠了，因为在当时人看来，不长胡子的男人就是太监。张裕这个笑话，等于骂刘备是太监。所以刘备当时恨得牙根直痒痒，等益州打下来以后，就找个借口把张裕给杀了。

诸葛亮没有理解刘备杀张裕的用意。他觉得：我现在正在推行法治，你身为国君，理当以身作则，现在却带头乱杀人，影响太坏了，便来当面请教："主公，张裕究竟犯了什么罪，你为什么要杀他？"

刘备正恨得咬牙切齿，但他又不好说是因为当年他讽刺我是太监，所以只好说："芳兰生门，不得不锄。"一朵兰花长得再好看，但如果长在大门口，影响进出，那也不得不除掉。意思是：张裕虽然有才，也没什么大错，但就是碍着我眼了，所以必须除掉。

刘备既然这么说，诸葛亮也没有办法。

要法治，还是要兄弟？

不光是刘备本人，刘备的几个老兄弟也很任性。

比如张飞。张飞是老革命了，又是刘备的老乡，早年间跟着刘备打天下，资格最老。张飞有个毛病："刑杀过差"，手下人犯了罪，张飞处罚他们的时候，一定重于法律的规定。法律规定打二十大板，张飞要打四十大板；法律规定打四十大板，张飞可能直接把人杀了。张飞有他自己的考虑：我从来就是从严治军，所以可以保证军队的纪律性和战斗力。但是这种做法，和诸葛亮依法治蜀的大政方针是背道而驰的。刘备也劝过他，张飞不听。至于诸葛亮，就更管不着他了。

更严重的是关羽。

当年刘备入川，本来是让诸葛亮留守荆州。庞统中道身亡，这才呼唤诸葛亮入川助力，而留关羽镇守荆州。这份责任，不可谓不重。荆州处于天下之正中，西面是刘备，北面是曹操，东面是孙权，矛盾错综复杂。按照诸葛亮的"隆中对"战略，荆州守将的责任非常重大，要东和孙权，北伐曹操。

荆州和孙权的扬州接壤，作为荆州守将，必须要承担重要的外交职能，要能够和东吴的孙权联合起来，一起应对曹操。"隆中对"说，等到"天下有变"的时候，要派一员上将从荆州北伐，同时刘备从西路的益州北伐，联络孙权从东路的扬州北伐，三路出击，可以一举消灭曹魏，兴复汉室。这里说的一员上将，就是指的荆州守将，现在就是指关羽。

但是，关羽是一个头脑比较简单的武夫，单兵作战能力极强，却缺乏战略意识，无法领会“隆中对”的意图。他在荆州期间，通过不懈的努力，终于把诸葛亮交代的两项任务全给搞砸了。

首先是东和孙权。

孙刘联合不光是刘备一方的战略需要，对孙权也有好处。孙权想跟关羽搞好睦邻友好关系，就派人说媒：“我有个儿子不错，你女儿也是将门虎女，咱们两家门当户对，干脆结为亲家，不知将军你意下如何？”

没想到关羽反应很激烈，“骂辱其使，不许婚”，谁跟你门当户对？我呸！把媒人给骂回去了。人家提个亲，不同意就不同意吧，可以婉言谢绝，干吗要骂人呢？这样一来，孙权感到受了很大侮辱，心里留下了疙瘩。东和孙权这一项任务，就算给搞砸了。

其次是北伐曹操。

诸葛亮说要等到“天下有变”，再去讨伐曹操。所谓“天下有变”，估计是等曹操死的时候。因为曹操比诸葛亮大二十六岁，比刘备还要大六岁，从自然寿命来看，应该死在前面。等曹操一死，北方群龙无首，正好三路出击。没想到，关羽不看这些。关羽仗着自己能打仗，他一看，我大哥刘备都已经做汉中王了，我得打下一块地盘来作为贺礼。所以就擅自率领军队北伐。

综观关羽坐镇荆州的所作所为，除了赢得一个“威震华夏”的虚名外，简直令人感到不可理喻。他为什么不按照“隆中对”的设想，与汉中刘备、东吴孙权一起北伐，而一意孤行、独自行动？就算他有信心拿下曹魏、消灭汉贼，又为什么要平白无故地激怒孙权呢？

明末王夫之《读通鉴论》提出了一个猜想。他提出，当年刘备兵败当阳，被曹操追杀，只有关羽一支万人左右的水军几乎没有损害，理论上会在接下来的战役中大显神通。没想到鲁肃西来、诸葛亮东往，谈笑之间结成孙刘联盟，赤壁一战击退了曹操。如此大功被两个文人获得，关羽心中一定十分失落。就好像南宋的名将刘锜说：“朝廷养兵三十年，而大功出一儒生。”

这里不妨再给王夫之补充一个史例。前文曾将关羽比喻为韩信，二人在各自的集团中，都有自统大军、独当一面的地位。韩信当年攻打齐国，齐国苦苦顽抗。刘邦手下有个辩士，叫郦食其，孤身出使齐国，轻摇三寸之舌，居然说得齐王举国投降。韩信听说郦食其不费一兵一卒就立此奇功，心中嫉恨，便趁齐王不备，发动突然袭击。齐王以为郦食其出卖自己，便将之烹杀。

王夫之描述的关羽对诸葛亮的心态，正好似韩信对郦食其的心态。诸葛亮与鲁肃极力主张孙吴联盟，联盟越稳固，则诸葛亮的功劳越大，关羽越没有用武之地；联盟如果破裂，那么诸葛亮这样的伐谋伐交之士就无能为力，而只能依赖关羽这样沙场搏命的武夫了。所以关羽对联盟不但不觉其必要，反而蓄意破坏，并且自恃武勇，发兵北伐。

从北伐的这一刻算起，关羽距离他的死亡，只剩下几个月的时间；曹操距离他的死亡，只剩下半年；刘备距离他的死亡，也只剩下四年而已。刘备逝世，引发了历史上著名的“白帝托孤”事件。

刘备之死究竟是怎么一回事？“白帝托孤”的那个夜晚，究竟发生了什么？

第十二章　白帝托孤

蜀主窥吴幸三峡，崩年亦在永安宫。
翠华想像空山里，玉殿虚无野寺中。
古庙杉松巢水鹤，岁时伏腊走村翁。
武侯祠堂常邻近，一体君臣祭祀同。

——〔唐〕杜甫《咏怀古迹》

历史进入三国时代

诸葛亮的一生，有两个转折点。

第一个转折点是三顾茅庐，让他从隐居走向出仕。

第二个转折点是白帝托孤，让他从幕后走向台前。

现在就来讲讲白帝托孤。

所谓“白帝托孤”，就是刘备临死之前，在白帝城把自己的儿子刘禅托付给诸葛亮。前文讲到刘备自称汉中王，正是春风得意，为什么今天突然之间就要死了呢？蜀汉的首都在四川成都，白帝城在重庆奉节，为什么刘备没有死在成都，却死在了重庆呢？

这一切，要从关羽北伐说起。刘备自称汉中王以后，荆州守将关羽就率领军队北伐曹操。但是关羽性格高傲，没有处理好盟友关系，把孙权给得罪了。孙权认为关羽如果得势，将对东吴不利，便趁着关羽北伐、后方空虚之际，联合曹操，偷袭荆州，把关羽给杀死了。

最具有讽刺意味的是，关羽死后不到一个月，曹操病死，享年六十六岁。诸葛亮在“隆中对”里预言的“天下有变”的最佳时机已经到来。但是，荆州丢失了，关羽战死了，孙权“叛变”了，天时来了，地利、人和全没了，刘备、诸葛亮多年来的苦心经营毁于一旦。眼睁睁看着机会来到了面前，却没有能力把握，诸葛亮当时的痛苦和惆怅可想而知。

曹操死后，他的儿子曹丕觉得时机已经成熟。我就别再遮遮掩掩的了，干脆自己来做皇帝吧，就在公元220年废掉了汉朝的末代皇帝汉献帝，正式称帝，国号魏，史称曹魏。历史在这一年，正式进入了三国时代。

曹丕称帝的消息传到成都，诸葛亮第一时间采取了针锋相对的措施，在公元221年率领群臣拥立刘备为皇帝，国号汉，史称蜀汉。诸葛亮成为蜀汉的开国丞相。

诸葛亮为什么要在这个时候，这么着急拥立刘备做皇帝呢?

因为只有刘备称帝，才能和曹魏在政治合法性上公开叫板。你做的皇帝是假皇帝，是谋朝篡位，我们的皇帝才是真命天子，接续了大汉正统。

除此以外，还可以转移矛盾。刘备和关羽两个人感情非常好，恩若兄弟、情同手足。所以自从关羽死后，刘备一直念念不忘，一心想要找孙权报仇雪恨。但是诸葛亮非常清楚：你怎么能打孙权呢？现在天下分成三个国家，魏、蜀、吴，其中魏国最强大，蜀和吴只有联起手来才能勉强抵抗曹魏，求得一线生机。如果窝里斗，那曹丕正好坐收渔翁之利。所以诸葛亮在这个时候拥立刘备为皇帝，就是为了提醒刘备：关羽的仇是私仇，曹魏篡汉之仇才是国仇。当此国仇家恨的关键时刻，你不要头脑发昏，你要冷静下来，好好斟酌一下，究竟谁是我们的敌人，谁是我们的朋友。

遗憾的是，诸葛亮的良苦用心并没有起到作用。

从刘备的角度来看，他这次称帝并不痛快，因为称帝的形势很不好。

刘备今年六十一岁。与他拼了半辈子的曹操，去年死了。三十多岁的孙权和曹丕在他看来，都不过是晚辈而已。作为刘备半辈子的对手，曹操的死令刘备感到一种寂寞。

而作为刘备半辈子的好兄弟、好助手，关羽的死令刘备心底的仇恨熊熊燃烧。

此仇不报非君子。

赵云等一些重臣劝谏刘备，要认清对手，不要兴师讨伐孙权以破坏联盟。刘备断然拒绝。

你们根本不是关羽的兄弟，当然不懂得这种断臂之痛！

诸葛亮噤声了，他知道在这样的情况下刘备只听得进去一个人的话，这个人就是与关羽一样拥有老资格的张飞。

可惜，一代名将张飞没有机会再纵横沙场了。他在出兵前夕被两个部下暗杀，割取了首级作为见面礼献给孙权。

对于张飞之死，刘备没有痛哭愤怒，只是苍凉地感叹了一声："噫，飞死矣。"诸葛亮明白，没有人再能劝阻刘备。

枭雄末路

公元221年七月，刘备倾举国之兵，讨伐孙权。双方主力在夷陵，也就是今天湖北宜昌发生战斗，史称"夷陵之战"。夷陵之战，孙吴大获全胜，刘备全军覆没，惨败而归。蜀汉的事业由此跌落到了谷底。

诸葛亮对于此战的态度，耐人寻味。

《三国志》没有记载诸葛亮对发动此次战役有任何劝谏之词，却记录了战后诸葛亮的表态。刘备惨败以后，诸葛亮在大后方得到消息，长叹一声："如果法正还活着，一定可以制止皇上东征；就算拦不住，也不至于输成这样啊！"

诸葛亮到底是什么意思呢？元代史家胡三省给《资治通鉴》作注释时，对此给出了自己的推测。

胡三省认为从这段事后诸葛亮的感叹来看，诸葛亮肯定反对伐吴，但并没有出言劝谏。

诸葛亮不劝谏，是因为刘备当时处于盛怒之中，丧失理智，即便劝谏也不会有效果，反而会沮丧军心，何况当时元老宿将如赵云等都劝谏了，没有效果，所以不如不谏。

很有可能，诸葛亮也抱有一丝侥幸之心，觉得刘备从上游打下去，占据地利，应该不会输。

从史料来看，胡三省的推测是有道理的。笔者再为不劝谏的原因，补充一点想法。

三国鼎立的局面是曹操、诸葛亮、鲁肃三个人的力量臻于平衡的结果。当年曹操南下，就是要打一场统一战争。没想到鲁肃、诸葛亮两位大战略家促成孙刘联盟，以南方对抗北方，终于硬生生绊住了曹操无往而不利的马蹄。

这个联盟的重要性，普天之下只有曹操、诸葛亮、鲁肃三人才能完全理解。

关羽、吕蒙不能理解，所以关羽叱骂东吴婚使，吕蒙白衣渡江偷袭荆州。

刘备、孙权也不能理解，所以刘备一怒之下兴起复仇之师，孙权则认为鲁肃借荆州给刘备是一大失策。他们都只能见到一时一地之利，无法窥见义利合一的更高境界。

在双方君主不能理解、双方悍将视盟约如无物的情况下，鲁肃与诸葛亮维护联盟的苦心孤诣，便更令人感佩了。鲁肃力主借荆州给刘备，但刘备一次又一次赖账耍诈，甚至不惜刀兵相向。鲁肃只能苦苦拦住盛怒的东吴君臣，耐着性子与关羽重新坐回谈判桌前，折冲樽俎。这是鲁肃的为难。

诸葛亮也一样，他极力配合鲁肃、联合吴国，将蜀汉对孙吴的觊觎之心，转为对曹魏的仇恨之心、对汉室的兴复之念。但是鲁肃死后，东吴没有了神队友，也就没有人与诸葛亮打配合了。孙权背盟、吕蒙偷袭荆州，关羽败亡。这样一来，力主联吴的诸葛亮无疑惨遭事实打脸，身处嫌疑之地，只好一言不发，事前寄望于赵云的进谏，事中侥幸于刘备的谋略，事后追恨于法正的早夭。

诸葛亮在蜀汉的孤独，由此可见一斑。

刘备战败以后，驻扎在蜀汉边境线上的鱼复县，也就是今天的重庆奉节。一场惨败，终于让刘备的头脑冷静下来。他下诏，把鱼复改名为永安，也就是永远平安的意思。在马上打了一辈子仗的刘备，现在终于不想再打仗了。

永安的县政府所在地，叫作白帝城，是两汉之交的军阀公孙述所建。公孙述曾自称“白帝”，故名。刘备住在白帝城的临时行宫，开始反省自己的错误。既然这场错误的战争，是由我刘备发动的，那战败的责任就应该由我刘备来承担。《礼记·曲礼》云：“国君死社稷。”中国古代讲究天子守国门、君王死社稷，现在孙权正在趁胜追击，曹丕正要趁火打劫，所以刘备选择了留在魏、蜀、吴三国交界处的永安，以一种绝不退让半分的姿态，杖节国门，威慑魏、吴两国，尽到一个天子的责任。同时，他还接受了东吴使者的慰问，并派使者与孙权重新修好，试图在生命的最后时刻，弥补自己一时冲动造成的巨大损失。

《三国志》评价刘备“折而不挠”，刘备是一只小强，不管怎么打败仗，总能够百折不挠、卷土重来。但是岁月不饶人，六十三岁的刘备恼羞成怒，急火攻心，一病不起，终于彻底倒下了。公元 222 年年底，刘备召辅汉将军李严到白帝城，任命他为尚书令，总管内外事务。公元 223 年二月，刘备紧急召诸葛亮从成都星夜赶往白帝城，入永安宫交代后事。

百折不挠的一代枭雄，走到了人生的末路。

挥一挥衣袖，留给世间最后的谜题

诸葛亮来到病榻之前，看到昔日的一代枭雄已经病入膏肓、奄奄一息。在病榻前一起接受刘备托孤的，还有新任尚书令李严。李严以前是刘璋的手下，投降刘备以后，表现出了非常杰出的政治才干，所以和诸葛亮一起接受托孤重任。

刘备强撑病体，对诸葛亮说："你的才能十倍于曹丕，一定可以安定国家，最终完成统一大业。"这是刘备对诸葛亮才能的肯定，也是一般君主托孤时的套话。但是接下来，刘备说了一番话，非同寻常，意味深长，这也是"白帝托孤"的核心所在。

他说："若嗣子可辅，辅之；如其不才，君可自取。"如果你觉得我儿子还行，那你就辅助他；如果你觉得他是扶不起的刘阿斗，那你就干脆自己做皇帝得了。

即便是性格含蓄内敛的诸葛亮听到这番话，也忍不住潸然泪下。

如今的刘备，一如十六年前三顾茅庐时，对自己信赖有加。当年君臣二人在襄阳隆中的草庐之中指点江山，谈笑风生，共同商定三分大业。如今在白帝城的永安宫中，却即将君臣永诀。诸葛亮泣不成声，拜倒在地："臣一定竭尽全力辅佐幼主，忠心不二，至死方休！"

随后，刘备又给远在成都的太子刘禅写了一封遗诏，诏书上说："你今后要像对待父亲一样对待诸葛丞相。"（汝与丞相从事，事之如父。）以上，就是历史上著名的"白帝托孤"事件。

"白帝托孤"名垂千古，感人至深，同时也饱受争议。一切争议的源头，都来自刘备临终前对诸葛亮说的那句话："如其不才，君可自取。"这句话突破了一般的君臣伦理，是一句非常之言，所以引起了很大的争议。

历史上对"白帝托孤"的态度，以正面评价居多。《三国志》的作者陈寿就说刘备"举国托孤于诸葛亮，而心神无二，诚君臣之至公，古今之盛轨”，他认为刘备托孤大公无私、信任无疑，是千古君臣的楷模和典范。清代史学家赵翼也说，刘备托孤“千载下犹见其肝膈本怀，岂非真性情之流露”？这都是正面评价。

再看负面评价。历史上的批评意见，概括起来讲就是：刘备托孤不是什么“真性情之流露”，而是帝王的权谋术。

有人认为，这番话是在试探诸葛亮的忠心。刘备临死之前，拿不准诸葛亮到底会不会忠心辅佐幼主，所以故意对诸葛亮说：“我儿子脑子不行，是扶不起的刘阿斗，要不干脆你自己来做皇帝？”以此来试探诸葛亮的忠诚度。如果诸葛亮诚惶诚恐，说臣一定辅佐幼主、鞠躬尽瘁、死而后已，那刘备就可以安心去死了。如果诸葛亮说行啊，要不我试试？那刘备就得另外考虑后事的安排了，比如说赐死诸葛亮以除后患，或者换一个托孤对象。

有人认为，这是为了骗取诸葛亮的忠心。刘备为了在自己死后，能够让诸葛亮全心全意地辅佐后主刘禅，所以就故意要了一个花招。他故意把整个场面搞得非常悲情，声泪俱下，连鼻涕都哭出来了，对诸葛亮表示，你比我亲儿子还亲，干脆你来做皇帝吧，我不把位子传给儿子，我传给你吧！结果诸葛亮被感动得稀里哗啦，哭着说：你安心去吧，我一定好好辅佐幼主。刘备用婆娑的泪眼偷偷瞄了一眼痛哭流涕的诸葛亮，心里面偷乐：骗取忠心成功了！于是安心地死去了。

还有人认为，这是要逼出诸葛亮的忠心。这种观点，和前一种差不多，区别在于，前面是在感动诸葛亮，这里是在吓唬诸葛亮。刘备说：要不你来做皇帝？诸葛亮一听，吓得诚惶诚恐：刘备怎么这么说呢？是不是在怀疑我啊？赶紧表忠心：“您放心，我绝对效忠幼主。”刘备听到诸葛亮的表态，点点头：“嗯，这还差不多。”就放心地去了。

这三种意见，有没有道理呢？我觉得没有道理。有人说，这都是阴谋论，把刘备看得太坏了。我倒是觉得，这三种意见最大的问题，并不是把刘备看得太坏了，而是把刘备、诸葛亮看得太傻了。

你想，刘备是什么样的人物？刘备用人眼光之毒辣，在汉末三国堪称一绝，从来没有看走眼过。他和诸葛亮共事这么多年，诸葛亮是什么样的人，忠不忠心，刘备心里没数吗？用得着到临死之前再来试探吗？再说了，如果诸葛亮真被你试出来是个奸臣，你能骗取他的忠心吗？你能逼迫出他的忠心吗？当然不能。

为了证明以上所言不虚，我们来看一个反面的例子：魏明帝曹叡托孤。

司马懿版托孤

魏明帝曹叡是魏文帝曹丕的儿子、曹操的孙子。他只活了三十多岁，死时非常年轻。曹叡临死之前也想托孤，托给谁呢？托给老臣司马懿。当时魏明帝曹叡在首都洛阳，而司马懿正在辽东半岛那边打仗，距离非常远。如今事态紧急，曹叡已经快死了，必须立刻叫司马懿回来。

古代人把一个人叫回来，什么通信手段最快？飞鸽传书？快马加鞭？这都不算最快的。曹叡用的什么办法呢？托梦。

史书记载，司马懿在前线军中打仗，做了一个梦，梦见曹叡让他赶紧回去，他知道有事要发生，所以立刻率领大军往回赶。赶到半道上，洛阳那边果然也来人了，说皇上召你呢，你别跟军队一起慢吞吞地走了，我们给你准备了一辆“追锋车”，跑得可快了，你先坐车回去吧！

司马懿一路飙车，风驰电掣赶到洛阳，跑进了皇宫里面，来到病榻之前。此时的曹叡早已经没有人样了，形销骨立，没有半点活气，像是一个已死之人。但曹叡一看到司马懿来到病榻之前，赶紧一把握住他的手，回光返照，对司马懿说：“我早在一个月以前就应该死了。你早来一天，我早一天死；你早来两天，我早两天死。我之所以忍到现在还不死，就是为了等你的到来，我要托孤于你！”

说完，曹叡喘息连连，凝聚起最后的力量，指着病榻之前一个八岁的小孩对司马懿说："这就是太子，请你认认清楚，希望你能够好好辅佐他。"

然后曹叡又对太子说："这是老太尉，你上去搂抱他一下。"

小太子就蹒跚地走到司马懿的面前，一把搂住司马懿的脖子，显得非常亲热。司马懿再也忍不住了，一手搂过孩子抱在怀里，痛哭流涕、老泪纵横，对曹叡说："皇上，您就放心吧！您忘了吗？想当年您的父亲曹丕，就是这样把您托付给老臣的呀！现在您又把您的孩子托付给老臣，老臣一定忠心不二！"

曹叡一颗吊着的心到这时候才终于放下，安心地去世了。

感不感人？太感人了！可曹叡死后不久，司马懿就发动政变，打击曹氏宗亲，把小皇帝控制在手里做傀儡，掌握了曹魏的全部权力。等到司马懿的儿子司马师、司马昭的时候，就把这个小孩给废了，换了一个皇帝。等到司马懿孙子司马炎的时候，又废掉了曹魏的皇帝，篡夺了曹魏的江山，自己做了皇帝。

所以说，如果刘备托孤的对象也是司马懿，不管你要什么花样，就算真的要把皇位传给他，也不可能骗到他的忠心，只会是他骗到你的信任。现在刘备托孤的对象是诸葛亮，君臣之间心照不宣，非常默契。一句多余的话都不用，只需要一个眼神，双方就能够明白对方的心意。所以我说这三种批评意见，都是站不住脚的。

托孤真相

那么问题就来了：既然刘备对诸葛亮一句话都不用多说，彼此就能够心照不宣、非常默契，那刘备为什么还要冒天下之大不韪，非要多此一举说这句话呢？

最可能的答案是：刘备的这句非常之言，不是讲给诸葛亮听的。

那他是讲给谁听呢？

讲给诸葛亮以外的人听的，尤其是说给同在病榻之前接受托孤的李严和远在成都的太子刘禅听的。

以前我们对“白帝托孤”的分析，主要着眼点是：刘备说这话，到底是真心的，还是虚伪的？这种分析视角，意义不大。一来，刘备已经死了，是真是假只有他自己知道。我们后面的人只能猜测，猜来猜去猜不着。二来，这种对个人道德品质的指摘，不符合中国传统法文化评价一个君主的标准。

传统法文化对君主的要求是四个字：法言法行。君主的一言一行，都要有立法的意义和效果，足以为天下所取法，足以为后世所效法，这才叫“法言法行”。陈寿评价白帝托孤，说这是“古今之盛轨”，什么叫“轨”？轨就是轨道，引申义就是法则。我们今天说一个人做坏事叫出轨、脱轨、图谋不轨，这里的轨就是这个意思。陈寿也认为刘备的做法是一种法言法行。所以从这个视角再来分析白帝托孤，我们就可以发现：刘备托孤，表面上看，是道德高尚的表现，实际上却是一次精心的制度安排。这个制度安排，分为两个层面。

第一层，让诸葛亮、李严一正一副，接受托孤。为什么要托孤李严呢？因为李严以前是刘璋的手下，代表了益州人的利益。法正死后，李严就是益州本土势力的总代表。所以刘备让他接受托孤，担任一个副手，是出于派系平衡的考虑。

第二层，赋予诸葛亮至高无上的权力。中国人做官，权力的大小不完全取决于制度，也不完全是由官位决定的。比如中国历史上那么多宰相，官位差不多，但有的人权势滔天，有的人势孤力单，有的人则被架空了，只是一个花瓶而已，道理就在于此。所以说，中国传统法文化既讲究制度设计，更讲究人事安排。制度和人事，缺一不可。

刘备让诸葛亮、李严一正一副，共同辅政，这是制度设计；而刘备对诸葛亮说：我儿子要是不行，你自己来做皇帝，这是人事安排。刘备说这个话，不是说给诸葛亮听的，而是为了警告李严：你要摆正自己的位置。你不要以为你和诸葛亮一正一副，共同接受托孤，好像你只比诸葛亮低了半级，就想着和诸葛亮玩权力斗争。实际上诸葛亮的权力远远大于你，他的权力大到可以废立皇帝，你没有这个权力，所以你不要有更多的非分之想。

此外，刘备专门给太子刘禅写诏书，让他像对待父亲一样对待诸葛亮，也是为了确立诸葛亮在蜀汉政权至高无上的地位。

刘备为什么要赋予诸葛亮至高无上的权力？

因为自从三顾茅庐以来，一直到白帝托孤为止，刘备只要听诸葛亮的，就成功；不听诸葛亮的，就失败。关羽之死、夷陵之战，就是最惨痛的教训。现在刘备快要死了，他担心后主刘禅重蹈自己的覆辙，担心其他大臣拖诸葛亮的后腿，难以让他尽情地施展才华。为了给诸葛亮一个更大的舞台，刘备在临死之前进行了这样精心的制度安排。

这个千古之谜，是由历史学家田余庆先生解开的。他说："诸葛亮凭托孤时赋予他'自取'的权力，可以制服位在同列而又可能滋事的李严"，从而"一蜀人之志"，抑"篡逆之途"，他认为"刘备托孤语是他根据蜀国具体情况深思熟虑的结果，是刘备少有的富于谋略之举"。至于诸葛亮，则"完全领悟刘备的言外之意，而且在言行上与之配合得相当默契"。(《蜀史四题》)这是非常精彩的历史解释。

从后来历史的发展可以看出，刘备的这个安排绝非心血来潮，确属深谋远虑、卓有成效。三国之中，魏国和吴国都曾经发生过非常惨烈的宫廷斗争和流血政变，有皇帝被杀，有皇帝被废；唯有蜀汉，内部非常稳定，这就是最好的证明。

最后，我想再补充一个问题：臣子可以有这样大的权力吗？废立君主的话语，真的不会置诸葛亮于嫌疑之地吗？

汉末三国，去古未远。按照儒家的经义，臣子完全可以有这样大的权力。

《孟子》记载，齐王请教孟子："卿（高级官员）的职责是什么？"孟子反问："你问的是哪种卿？"齐王很纳闷："卿还有种类？有什么讲究吗？"孟子说："当然有了。一种叫'贵戚之卿'，也就是国君的宗族担任的卿。如果国君犯了大错，就要犯颜直谏。如果反复劝谏，国君还是不听，那就废黜国君。"齐王听了，脸色都变了。孟子抱歉地说："您别生气。您这样问，我只好照实回答。"齐王稳定了情绪，继续请教。孟子说："还有一种卿，叫'异姓之卿'，也就是与国君没有亲戚关系的卿。国君如果犯了大错，就要犯颜直谏。如果反复劝谏，国君还是不听，那就辞职或跳槽。"

由此可见，按照先秦儒家的政治学说，"卿"是有权力废黜国君的。这种卿，就是孔子所说的"大臣"，或后世所谓的"帝王师"。那么问题来了：诸葛亮之于刘禅，并不沾亲带故，只能算是"异姓之卿"，怎能废黜皇帝呢？

第一，刘备临终特意让刘禅对诸葛亮"事之如父"，正是赋予了诸葛亮"贵戚之卿"的地位。不仅刘禅，刘备临终之前，小儿子鲁王刘永也在病榻之前。刘备特意拉起鲁王的手，谆谆叮嘱："我死之后，你们兄弟几人都要将丞相当父亲对待。"遗诏是物证，鲁王是人证，见证俱全，正是赋予权力的严格程序。

第二，历史上也有"异姓之卿"废黜国君的合法事例。《孟子》记载，伊尹是商朝的开国元勋。商汤的孙子太甲即位，荒废政事，暴虐百姓。伊尹反复劝谏不从，只好流放太甲，自己代理国君之事。后来太甲改邪归正，伊尹又将之迎回，奉为国君。有弟子就问："贤明的人臣，可以废黜不贤的国君吗？"孟子回答："有伊尹之志，则可；无伊尹之志，则篡也。”如果臣子有伊尹这样的志向，那就可以；如果臣子没有伊尹这样的志向，那就是篡窃之贼。后世的人臣，如王莽、董卓、曹操，都属于“无伊尹之志”而以伊尹自居，难免于篡窃的恶名。刘备以临终遗言的形式，赋予诸葛亮无上权力，正是将难以捉摸的、主观的“伊尹之志”，落实为白纸黑字的、客观的“先帝遗志”。后世常常将诸葛亮比作“伊尹”，正有这层深意在内。

这些儒家政理，随着君主专制的不断加强，逐渐湮灭不彰。明清时期的人读到这样的话语，要么觉得不可思议，要么往权谋厚黑一路去理解。例如，乾隆皇帝挂名的《御批通鉴辑览》就说：“刘备对诸葛亮，平时以‘如鱼得水’自比，他对诸葛亮的忠诚难道心里没数吗？为什么临死托孤之时，还要说这样猜疑试探的话呢？三国时期的人心，可真是险恶呀！太卑鄙了！”（昭烈于亮，平日以鱼水自喻。亮之忠贞，岂不深知？受遗时何至作此猜疑语？三国人以谲诈相尚，鄙哉！）其实险恶卑鄙的人心，绝非刘备与诸葛亮。鄙者见鄙，多言无益。

刘备早年虽然“不甚乐读书”，但曾追随大儒卢植学习，在徐州期间，又常常请教大儒郑玄、陈纪，听了不少“治乱之道”。他对以上这些儒家政理，应当是非常熟悉的。刘备临终之际，其言也善，在遗诏之中说了不少精深纯粹的哲理。例如，后世耳熟能详的“勿以恶小而为之，勿以善小而不为”“惟贤惟德，能服于人”。饱受后世争议的托孤之语，既是理性的精心设计，也是道义的自然流露。

白帝托孤两个月以后，也就是公元223年四月，刘备病逝于永安宫。五月，刘备的遗体被运回成都；八月，安葬于惠陵，也就是今天成都的武侯祠内。一代枭雄刘备，拼搏奋斗一生，至此终于入土为安。

刘备可以安息了，而诸葛亮的奋斗、诸葛亮的事业，却远远不止于此。“白帝托孤”之后的诸葛亮，将会如何收拾刘备留下的这副千疮百孔的烂摊子呢？

第十三章 攻心之战

边塞拨云艰涉越，瘴烟蛮雨悲凄切。
驱兵直入不毛乡，泸水微茫中夜月。
妙算世间无复比，兼仁兼智矛锋利。
擒纵南夷几度惊，对君崇敬唤神明。

——［日］土井晚翠《星落秋风五丈原》

危急存亡之秋

公元223年，诸葛亮在白帝城接受刘备的临终托孤，辅佐后主刘禅。杜甫有诗云："三顾频烦天下计，两朝开济老臣心。"《三国志·诸葛亮传》说，从这时起，"政事无巨细，咸决于亮"，大大小小的事情，都由诸葛亮做主。皇帝刘禅呢，只是一个甩手掌柜。诸葛亮现在拥有了在刘备时代所不可能拥有的至高无上的权力和广阔无垠的舞台，诸葛丞相一生中最光辉夺目的时刻，就此拉开序幕。

开场大戏，就是老百姓耳熟能详的"七擒孟获"。叛乱发生在蜀汉的南境——南中。

南中，在今天的云南、贵州和川西南一带，这个地方自古以来就是少数民族的聚居区。在汉朝以前，中原王朝的势力范围到不了这个地方，所以这里由许多少数民族首领管辖，当时称之为"西南夷"。

汉武帝时，曾派了个使者出使南中。当时南中最大的两个国家，一个叫滇国，一个叫夜郎国。滇国的国王接见汉朝使者，问："汉孰与我大？"听说你们汉朝很大，那有没有我们滇国大呢？汉朝的使者觉得很为难，碰上一个地理白痴，只好拿出地图来给他扫盲："您看，这地图上全是我们的，你们在这儿，劳驾您自己看吧，哪个大？”我实在没脸告诉您。到了夜郎国，夜郎王又问：“汉孰与我大？”汉朝使者没办法，只好再扫一次盲，严重地戳伤了夜郎王的自尊心，刷新了他的三观。这就是“夜郎自大”的典故。

后来，汉武帝在南中设置了郡县，从此以后，南中就成为中国领土不可分割的一部分。

东汉末年，天下大乱，南中天高皇帝远，当地的部落首领心怀异心，又想搞分裂。后来刘备、诸葛亮入主四川，建立蜀汉。南中名义上服从蜀汉的统治，实际上仍然保持一种半独立的状态。

早在刘备战败、远居白帝城之时，叛乱就已经发生了。公元222年，汉嘉郡太守黄元听说刘备病危，立刻叛变，直逼成都。这次叛乱很快就被平定了。公元223年，刘备刚死，南中就爆发了大规模的少数民族叛乱。

叛乱的领袖有两个人，一个是汉族人，叫雍闿；一个是蛮族人，叫孟获。

雍闿是南中地方上的一个土豪，他一心想着要趁天下大乱，做南中的土皇帝。所以雍闿就去煽动当地的少数民族首领孟获，说服他跟自己一块儿造反。

当地的老百姓不理解，觉得蜀汉统治的好好的，我们在这里安居乐业，为什么要造反？

雍闿就骗他们说：“中央最近下来一道诏书，要你们上交贡品。”

老百姓问：“那进献贡品就进献呗，这有什么大不了的？”

雍闿说：“这次的要求很苛刻。首先，要三百条黑狗，浑身乌黑，一根杂毛都不能有，你们交得出来吗？还要你们上交三斗螨脑，你有吗？还要三丈高的斫木三千根，你找得到吗？你们能凑齐这些东西，你们就交上去；凑不齐的话，汉族的官员就要来打你们、杀你们。”

螨脑据说是蟒蛇的脑子，蟒蛇智商那么低，脑子那么小，要凑满三斗非常困难，也有人说蛐脑就是玛瑙，很珍贵，总而言之要凑齐三斗是不可能的。斫木是当地一种非常坚硬的木头，顶多长到两丈高，不可能有三丈高的。当地老百姓一想，这些东西上哪弄去啊？干脆造反吧。于是叛乱就爆发了。南中叛变得到了汉人野心家与不明就里的少数民族部族首领的响应，愈演愈烈。越嶲郡的彝族首领高定、牂牁郡太守朱褒群起而反。

中国自古以来民族和民族之间的矛盾，真正因为文化不同而发生不可调和的冲突的，比较少见；因地理上的距离、语言上的障碍造成沟通不畅，引起误会而发生冲突的，则很常见。南中叛乱也是如此。

看热闹不嫌事儿大。处于敌对状态的孙吴与曹魏，先后介入进来，为蜀汉的统治危机火上浇油。

先说孙吴。

雍闿叛变之后，玩了一手远交近攻的把戏，向东吴的孙权称臣，还将俘虏的一名太守作为战俘献给孙权。吴、蜀刚刚发生过大战，关系尚不明朗。孙权也就乐于利用此次叛乱，向蜀国施加外交压力。他封雍闿为太守。不仅如此，当年刘备入川，将原先的益州牧刘璋父子送到荆州。关羽大意失荆州，刘璋父子被孙权俘虏。现在刘璋已死，孙权就封刘璋的儿子刘阐为空头的益州牧，让他驻扎在交州与益州的边界，也就是最靠近南中的地方，借助刘璋家族在益州的影响力，试图为蜀汉的反叛煽风点火。

再说曹魏。

公元223年，在皇帝曹丕的授意之下，曹魏的重臣华歆、王朗、陈群、许芝、诸葛璋等人先后给诸葛亮和其他蜀汉大臣写信，试图劝说蜀汉投降，做曹魏的藩属国。这些信件的措辞虽然很客气，但是趁火打劫的威胁意味却非常浓厚：天下三国，蜀汉最弱。你们刚刚跟吴国打完两场硬仗，主要军事力量被关羽、刘备败完了，吴国现在还落井下石，对你们虎视眈眈。你们又后院起火，南中三郡叛乱。现在识相点，投降曹魏，裂地封侯不在话下。如果还不识相，我们曹魏也打算入局分一杯羹了。

大败亏输，先帝新丧，主少国疑，强敌环伺，后院起火。这样令人抓狂的烂摊子，就是《出师表》开篇所谓：“先帝创业未半而中道崩殂，今天下三分，益州疲弊，此诚危急存亡之秋也。”

诸葛亮仿佛一夜之间，重新回到了十六年前初出茅庐时面临的惨淡局面：“受任于败军之际，奉命于危难之间。”十六年来的艰苦奋斗化为梦幻泡影。不同的是，那年他二十七岁，意气风发；如今他四十三岁，两鬓已添银丝，眉宇之间已有风霜之色。

孔子曰：“四十不惑。”孟子曰：“我四十不动心。”诸葛亮四十三岁，能否达到孔孟的境界与修为呢？最艰难的考验就在眼前。

八风吹不动，安居平五路

北宋苏轼与佛印有一段有趣的逸事。苏轼有一次读佛经，读得豁然开朗，感觉自己已经悟了，于是写了封信，派人渡江送给对岸的佛印和尚，交流参悟心得。信中有一句佛偈：“八风吹不动。”表明自己已经彻底觉悟，不可能再为世俗之事动心，任你东西南北风，我自岿然不动。佛印看了，批了一个字：“屁。”让来人渡江，送了回去。苏轼看到，勃然大怒，当即驾船渡江，兴师问罪——我好好和你交流心得，你为什么说“屁”？

佛印答道：“八风吹不动，一屁过江来。”

《传习录》中，王阳明师徒也有一段问答。弟子问：“我静心读书修行的时候，觉得功夫已经很好了，天底下大概没有什么事情可以烦到我了。可是真的一遇到事情，便手忙脚乱、心绪烦躁。这是怎么回事呢？”王阳明回答：“人须在事上磨，方立得住，方能静亦定，动亦定。”

中国古时的文人，大多能静而不能动，一遇到事情，平时的修养功夫全都无用了。这样是无法达到“四十不惑”“四十不动心”的境界的。

诸葛亮之所以受后人推崇，正是因为他是罕有的能坐而论道和起而行之的人物，罕有的穷则隐于林泉、达则兼济苍生的人物。刘备死后，面对八方来风，他稳扎稳打，有条不紊，将一团乱麻梳理得井井有条。

《三国演义》描述刘禅即位之后，五路大军进犯，政权危如累卵。诸葛亮运筹帷幄，“安居平五路”，轻易化解了四路危机，只有南中孟获叛乱这一路，决定亲自出征。故事虽然是虚构的，将复杂的历史情节转化成了简单的戏剧性情节，但却反映了诸葛亮的基本思路与深厚涵养。

所有危机之中，最要紧的是孙吴。

蜀汉绝不可能单独抗衡曹魏，联吴抗曹是唯一的生路。虽然孙吴算不上什么好队友，但放弃了这个唯一的队友，只有死路一条。关羽、刘备两次大战，将吴蜀联盟破坏殆尽。如今唯有重修旧好，才有余裕处理其他方面的事情。更何况，孙刘联盟不仅对蜀汉有利，也是孙吴政权存续的前提。

刘备驻扎白帝城之时，孙权已经遣使求好。刘备也派出费祎等人，互通款曲。但是不久，刘备就死了。孙吴方面便出现了反复。这时，有一位蜀汉官员邓芝找到诸葛亮：“当今之势，必须派一位大使出使吴国，重修旧好。”诸葛亮说：“我考虑这个问题很久了，就是一直找不到大使的合适人选。直到今天，才找到。”邓芝问：“谁？”诸葛亮笑道：“就是阁下啊。”邓芝能够自己领悟到与吴国修好的重要性，当然正是担任大使的最佳人选，无须另外交代外交的策略。这是诸葛亮用人的高明之处。

邓芝来到吴国，孙权一开始躲着不见。邓芝请人递了个条子进去：“我这次来，不仅是为了蜀国，也是为了吴国。”孙权这才见面。

一见面，孙权倒是十分坦诚，把心里的大实话全说出来了：“我当然愿意与蜀汉修好。但是刘备死了，刘禅年幼，蜀国又很弱，内忧外患不断，魏国又虎视眈眈。我怀疑蜀国快完蛋了，犯不着跟一个即将灭亡的国家结盟，而得罪了强大的魏国。所以我觉得还不如趁蜀汉灭亡，赶紧趁火打劫，捞一笔算一笔。”

邓芝回答：“你之前为了对付蜀汉，已经向曹魏称臣了。下一步，魏国就会要你送太子去做人质；再下一步，魏国就会要你本人入朝称臣。你稍有不从，魏国就有借口入侵了。如果你不跟蜀汉交好，那么到时候蜀汉就顺流而下，趁火打劫。先亡的究竟是蜀是吴，怕是不好说呢。”

孙权听得冷汗淋漓。事实上，曹魏已经要求孙吴交出太子做人质，遭到拒绝。曹丕便率领大军，与孙吴试探性地交过一次手，后来两国边境摩擦不断，孙权感受到了巨大的威胁。邓芝把利害关系说清楚后，孙权终于明白吴蜀联盟的必要性，当即决定与曹魏断交，与蜀汉结为同盟。第一次结盟数年之后，吴蜀以成文盟约的形式，重申两国的友谊。

吴蜀此次联盟，维持了四十年之久，再也没有背弃。历史学者黎东方《细说三国》对“汉吴同盟”赞不绝口。他说，在中国历史上，没有第二次盟约可以像汉吴同盟这样“同盟者彼此之间真能有始有终，信守盟约到底”，“我们再查看西洋各国的历史，也绝对找不到一次有始有终的同盟，足与汉、吴的同盟媲美”。

盟约的维系，最重要的原因也许是诸葛亮。黎东方特别提示：“盟书最精彩的一段，是关于诸葛亮的一段。它赞美诸葛亮，而没有一句话提到吴国的丞相或汉、吴两国的国君。这是中外古今任何条约所没有的特殊文字。”不妨将这段绝无仅有的文字摘引如下，以见证诸葛亮外交的辉煌。

诸葛丞相德威远著，翼戴本国，典戎在外，信感阴阳，诚动天地。

盟书当然只能孤零零地出现诸葛亮一个人的名字了。因为另一位有资格出现在盟书中的人物鲁肃，离世已有十余年之久了。

搞定了孙吴，曹魏就好办了。诸葛亮没有兴趣给华歆、王朗们一一回信。他写了一个公开的答复，题名《正议》。

《正议》开篇就说："你们这帮老家伙，七老八十了，还受曹丕这种乳臭小儿的指使，写这种丢人现眼的东西，我估计也不是你们内心的本愿，不过是说点违心的话，苟免于灾祸吧？"这话骂得非常狠，可能就是《三国演义》的名场面"诸葛亮骂死王朗"这个桥段的原型。紧接着，诸葛亮历数了曹操的失败与曹丕的罪孽，最后引用了一句古兵书，表明心志："万人必死，横行天下。"只要有一万个人抱定必死的决心，就能无敌于天下。更何况以蜀汉数十万之众，秉持正道，讨伐有罪，哪有失败的道理呢？

这番议论，堂堂正正，至阳至刚，不愧"正议"之名。曹操的篡窃与强暴，是曹魏政权的原罪；反抗曹操的篡窃与强暴，是蜀汉政权的立国之道。诸葛亮可以容忍孙权的小动作，但绝不可能与曹魏妥协。一旦妥协，蜀汉这种小国家就堕落为历史上无数的、无足轻重的、为了一己之私欲而分裂割据的小政权了。

与吴、魏交手之际，诸葛亮的眼睛始终盯着南中的动向。本土的叛乱，才是心腹之患，绝非打打口水仗就能平息的。但是在处理吴、魏关系和稳定局势的过程中，诸葛亮对南中的叛乱以防范为主，没有采取强硬措施。这就衍生了如下这类传闻。

《三国志》注引《魏氏春秋》记录了一个故事：叛乱还没发生之时，有位中央的监察官叫常房，巡查地方，到了牂牁郡。他听到风言风语，说朱褒即将谋反，便把郡里的主簿抓起来拷问，结果用刑过重，不慎将主簿打死了。朱褒勃然大怒，杀死常房，还反咬一口，诬陷他谋反。诸葛亮为了稳住朱褒，不让事态严重化，就把常房的几个儿子全部杀死，把常房的四个弟弟全部流放到南中，交由朱褒等人处置，以此来取悦朱褒，希望稳住他的心。但是这个措施没有起到作用，朱褒还是造反了。

这个故事，应该是传世史料之中最黑暗的诸葛亮形象了。裴松之已经辨析过这则史料是假的。但假史料的真实信息应该就是反映了南中叛乱初期，诸葛亮对策的隐忍与克制。

历史上，诸葛亮先礼后兵，先给雍闿写封信招安。谁来写这封信呢？李严。李严是益州旧部的总代表，曾经和诸葛亮一起接受刘备托孤，现在是蜀汉的二号首长，在当地说话很有分量。所以，诸葛亮让李严给雍闿写信，劝他悬崖勒马，归附朝廷。李严很卖力地给雍闿连写了六封长信，苦口婆心劝说。雍闿却只回了一张纸，上面写着寥寥数语："你让我归附朝廷，可是现在天底下有魏、蜀、吴三个朝廷，我很困惑，不知道归附哪个朝廷，所以干脆我自己建立第四个朝廷得了。"（今天下鼎立，正朔有三，是以远人惶惑，不知所归也。）态度极其嚣张。

攻心，民族政策的不二法门

诸葛亮一看，没办法了，文的不管用，那只能动用武力。此时，与吴国的联盟已经稳固，曹魏暂时也没有入侵的苗头，政权实现了平稳过渡，平叛时机已到。公元 225 年五月，也就是南中叛乱发生后的两年，诸葛亮率领大军渡过金沙江，正式打响了南中平叛之战。

当时诸葛亮手下有个参谋，叫马谡，年轻有为，足智多谋。他从成都一路送诸葛亮出征，送了几十里地，还在跟着走。诸葛亮说："送君千里终须一别，你别送了，回吧。"

马谡说："没事儿，我再送送您。"

诸葛亮觉得这不对啊，你是觉得我回不来了还是怎么回事儿？依依不舍的，是不是有话要说啊？

马谡说："没错。您这次去平叛，打胜仗不难，难的是你一打，他投降了；你一走，他又造反了。你要说把少数民族全给杀完，他就不造反了，一来不现实，二来这不是'仁者之情'，不符合我们仁义为本的立国之道。"

诸葛亮说："是啊，我也犯愁呢，那怎么办？"

《三国志》注引《襄阳记》记载，马谡告诉诸葛亮一个秘方："夫用兵之道，攻心为上，攻城为下，心战为上，兵战为下，愿公服其心而已。"用兵之道，攻打城池是下策，战胜对手的内心才是上策；用军队去打仗是下策，将心比心、以心换心、用心攻心，才是上策。所以，我希望您能够让对手"心服"。

诸葛亮一听，恍然大悟。我明白了，你请回吧。

"攻心"，是诸葛亮民族政策的不二法门、精髓所在。根据史书记载，诸葛亮以"攻心"为指导思想，折服了少数民族首领和当地老百姓的心。所以诸葛亮撤军之后，南中再也没有发生叛乱。

清朝人赵藩在武侯祠写了一副对联，史称"攻心联"，上联是"能攻心则反侧自消，从古知兵非好战"，下联是"不审时即宽严皆误，后来治蜀要深思"。下联说的是诸葛亮依法治蜀，关键在于审时度势，具体情况具体分析，要不然无论你法律太宽还是太严，都错；上联说的就是诸葛亮南中平叛，关键不在于好战，而在于能够攻心。

七擒孟获，玄幻剧背后的历史

诸葛亮是怎么进行这场"攻心之战"的呢？

先来看《三国演义》讲的故事。

《三国演义》上说，诸葛亮一到南中，就把蛮王孟获给俘虏了。他问孟获，你服不服？孟获说我不服。我之前是不知道你的底细，所以才会不小心被你俘虏。要是你现在放我回去，我肯定能打败你。诸葛亮说行啊，大侠请重新来过。就把孟获给放了。

孟获跑到一个地方，那儿到处是毒泉，有的泉水你一喝就变成哑巴了；有的泉水一沾上身，就会皮肤溃烂而死。孟获觉得这地方好，高枕无忧，就盘踞在一堆毒泉的背后。没想到诸葛亮得到高人指点，知道还有一口泉，叫安乐泉，毒泉的泉水是毒药，安乐泉的泉水是解药，喝了就没事儿了，所以又把孟获给捉了。孟获说我还是不服，于是诸葛亮又把他给放了。

孟获去找了一个少数民族帮忙，这个民族跟马戏团似的，会指挥猛兽，什么狮子、老虎、大象，都乖乖听话，帮着一起打诸葛亮。诸葛亮发明了一种喷火车，把狮子、老虎全给吓跑了，又把孟获给捉了。

孟获还是不服，回去后找来另一个少数民族帮忙。这个民族有一类特种兵，叫藤甲兵，他们用一种特制的藤条，浸了油，绕在身上，刀枪不入。诸葛亮埋地雷，把藤甲兵都给炸死了，又俘虏了孟获。像这样，诸葛亮连续七次捉拿孟获，连续七次放走。到第七次的时候，孟获不走了，说："诸葛丞相，我服了您了，我已经领会到我们之间智商的差距了，我再也不造反了。"

这就是著名的"七擒孟获"的故事。

不知各位有没有注意到，"七擒孟获"在《三国演义》里面，显得非常特别。《三国演义》有很多虚构，写得都跟真的似的，唯有"七擒孟获"，显得很突兀。我小时候第一次读《三国演义》，读到"七擒孟获"，感觉不像在读《三国演义》，好像在读《西游记》《封神榜》，情节非常玄幻，感觉和真实历史相去甚远。

七擒孟获，在历史上是真是假呢？你别说，还真有它的依据。

《三国志》注引《汉晋春秋》记载，诸葛亮到了南中，每战必胜。后来他听说有个叫孟获的少数民族领袖，当地不管是汉族人还是少数民族的人，都服他。所以，诸葛亮下令，不许伤害孟获的性命，务必生擒活捉，果然捉到了。诸葛亮就让孟获参观蜀汉的军队，问他：“你觉得我的军队怎么样？”孟获说：“让我回去再来过，我肯定能赢。”诸葛亮哈哈大笑，放他回去继续打，这样反复地捉、反复地放，直到“七纵七擒”。

最后一次，诸葛亮再放孟获的时候，孟获不肯走了，说：“公，天威也，南人不复反矣。”您不是人，您是天威，我们再也不敢造反了。

《汉晋春秋》是东晋时期的书，离三国不太远，应该说还比较可靠。

当时还有一本书叫《华阳国志》，和《汉晋春秋》的年代差不多，史料价值也很高。这本书上面说，诸葛亮曾经对孟获“七虏七赦”。这两本书的记载，就是“七擒孟获”这个故事的史料来源。所以，“七擒孟获”虽然没有那么多玄幻的情节，却有相当高的真实性。

但是从另外一方面来讲，我们又觉得这个故事不太可信。

第一，陈寿的《三国志》没有记载这个故事。陈寿本来是蜀汉的官员，后来蜀汉灭亡了，才在晋朝做了一个官员。他是离诸葛亮时代最近的人。如果诸葛亮曾经七擒孟获，他一定知道，也肯定会写到《三国志》里面去。他没写，说明这个故事很有可能是后起的一个传说，可信度不太高。

第二，“七擒孟获”这个故事不符合情理。两军交战可不是儿戏，不是小孩过家家闹着玩儿。你把对方主将捉了放放了捉、捉了放放了捉，连续捉拿七次、放了七次，这怎么可能呢？而且这也不符合诸葛亮谨小慎微的性格。就算你诸葛亮有百分之百的自信：以孟获的智商，别说捉他七次了，只要我乐意，捉他一百回都没问题！《三国演义》后半部不用写别的了，就写我诸葛亮怎么捉孟获得了！那也得考虑到，打这样一场残酷的战争，要让多少人陪着一块出生入死？要糟践掉多少人的生命？这符合“攻心为上”的政策吗？

所以说，对于“七擒孟获”这个故事，我们也不能太当真，不能真认为是捉了七次又放了七次。

那么，前面说“七擒孟获”有相当高的真实性，现在又说不能太当真，那真实性又在哪里呢?

前文讲过，民间传说也有它的真实性，没有真实性的民间传说，是没有生命力的。“七擒孟获”的真实性就在于，这个故事是“攻心之战”在老百姓想象中的产物。老百姓用一种自己能够理解的方式，来具象化地演绎“攻心之战”。其实，“攻心之战”不全是军事战争。

历史上的“攻心之战”到底是怎么一回事呢?

兵法本于王制，中国式战争的醍醐真味

古代有一本兵书，叫《唐李问对》，就是唐太宗李世民和李卫公李靖，两个人一块儿讨论兵法的一本书。

《唐李问对》记载，唐太宗有一次和李靖一起讨论诸葛亮“七擒孟获”的事情。唐太宗说：诸葛亮太牛了，七擒孟获，军事史上的奇迹，他是怎么做到的呢?两个人讨论了半天，最后的结论是一句话——

兵法本于王制。

任何一个国家，都有军事力量，迫不得已的时候，只能通过军事战争来解决问题。但是，军事手段只能是最后的保留手段，你不能一上来就打，而只能作为一个国家内政外交的末端。只凭军事力量不能解决问题，只有依托正当的制度，才能解决问题。这就叫“兵法本于王制”，这是诸葛亮用兵思想的核心所在，也是中国古代军事思想的特色所在。诸葛亮平定南中之乱，当时的老百姓只看到“七擒孟获”非常精彩，千百年后的我们，更应该体会到诸葛亮用制度和文化来“攻心”的醍醐真味。

要让少数民族心服口服，需要实行民族自治。

《三国志》注引《汉晋春秋》记载：诸葛亮平定南中之后，“皆即其渠率而用之”。渠率，就是当地少数民族的首领。诸葛亮把当地民族首领纳入蜀汉官僚体系，让他们自己管理自己的部落。

有人就劝诸葛亮，说南中叛乱，本来就是因为少数民族作乱，现在你还敢让他们自己管理自己，怎么放心呢？不如留一批汉族的官员在这里管本地人。

诸葛亮说：“不行，留汉族官员在这里，本地人信不信任你呢？如果不被信任，那就很难服众。你留了官员，留不留军队呢？不留军队，人家打你，你怎么办？留了军队，还要运送粮食，工程量太大了。因此，留汉族官员管本地百姓并不合适，所以我让少数民族自己治理自己。”

当然了，搞“民族自治”并不意味着中央政府把南中扔在一边，由它自生自灭，就此撒手不管。恰恰相反，从此以后中央和南中的联系大大加强了。中央定期地从南中选拔优秀的人才到中央来任职。比如说孟获，后来官至御史中丞，是负责监察的高官。南中还有一个猛将叫孟琰，后来官至辅汉将军。蜀汉还从南中抽调优秀的战士，成立了两支特种兵：一支是擅长山地作战的“无当飞军”，还有一支是擅长平原作战的“虎步军”。这两支军队，在后来诸葛亮北伐之时，表现非常活跃。另一方面，蜀汉政权也源源不断地向南中输入资金、输入技术、输入制度和文化，以帮助当地人来开发。民族自治，互利互惠，是中国古代民族政策的优良传统，也是诸葛亮民族政策的第一要义。

少数民族的生活习惯与中原不同，必须要因俗设法。

所谓因俗设法，就是根据当地的习俗，来设置当地的法律，而不把中原王朝的法律强加给少数民族。

《华阳国志》记载，南中有个习俗，当地老百姓相信鬼神，喜欢用对天发誓的方式来缔结契约，用鬼神的力量保证誓言的效力。诸葛亮并没有因此而觉得这些都是迷信，我要给你们普及科学，普及合同法，而是尊重他们的习俗。所以，诸葛亮也经常以对天发誓的方式和当地人缔结誓约。

唐朝人写的《蛮书》记载，诸葛亮和南中老百姓一起对天发誓、约定盟誓，刻在石碑上面。石碑的反面，刻着当时的誓言："此碑如倒，蛮为汉奴。"这块碑如果倒了，蛮人就要做汉人的奴仆；这块碑如果不倒，汉人不得以蛮人为奴。所以一直到唐朝的时候，当地老百姓还在用木头支撑着石碑，不让它倒。

再比如，南中老百姓普遍不识字，所以之前才会被雍闿假传圣旨、蒙骗利用。《历代名画记》记载，诸葛亮擅长作画。《华阳国志》记载，诸葛亮在南中，用画"图谱"的方式，告诉当地老百姓一些基本的政治理念。诸葛亮像画连环画一样，画了天地、日月、君长、城府，向老百姓传达尊卑有序、国家社稷为重的思想；诸葛亮又画了中央官员巡视地方、安抚百姓，当地人向官员敬献羊肉和美酒，以此宣传夷汉和谐的思想。因俗设法，是对民族文化的尊重。多民族法文化多元一体共存，是中华法系的一大特色。

除以上政策之外，还要改造陋俗。

诸葛亮尊重少数民族的文化，并不意味着对其陋俗也予以迁就。《三国演义》说诸葛亮班师回朝的时候，金沙江阴云密布，风浪大作，不能渡河。

诸葛亮问孟获："这是怎么回事？"

孟获说："河里有鬼神作怪，我们遇上这种情况，一般都要祭祀鬼神才能过河。"

诸葛亮问："那你们怎么祭祀呢？"

孟获说："我们一般是杀掉七七四十九个蛮族人，再把他们的头割下来，扔到河里面祭祀鬼神。鬼神一吃这些头，就不闹腾了，我们就可以顺利渡江。"

诸葛亮不忍心杀蛮人，就让厨子和面做成人头的形状，里面塞上牛羊肉，上屉蒸熟了，冒充蛮人的头扔在河里祭鬼神。这个东西就被称为“蛮头”，蛮人的头，后来把蛮字改了，就是馒头。有人说这是包子，不是馒头。其实在古代有馅的才叫馒头，现在江浙一带还管包子叫馒头。我老家是江苏常州的，我们那儿管肉包子就叫肉馒头。那《三国演义》这个故事是不是瞎编的呢？不是。这个故事的原型，来自宋朝人写的《事物纪原》。从这个故事，可以看出诸葛亮改革陋俗残忍的内容，保留其合理的形式，形成新习俗的良苦用心。

诸葛亮的攻心之战，功在当时，利在千秋。宋朝人洪迈的《容斋随笔》记载，宋朝初年，有个使者出使南诏国，路过云南，要横渡泸水。当地官员说：“当年诸葛亮跟本地人有个约定，除非本地人向中央进贡，或者本地人叛乱、中央派兵来讨伐，否则不得渡过泸水。如果遇到紧急情况，非要渡河不可，那就必须先举行一个庄严的祭祀仪式，向河对岸的人表示我对你们没有敌意。”说完，就拿出一整套祭祀用具，举行仪式，让使者举行祭祀。

从这个故事可以看出，诸葛亮为当地人立的法度，近千年之后仍在沿用。这就是一种制度与文化的穿透力。不仅如此，直到今天，中国西南地区还保留着至少一百多处诸葛亮的遗迹。其中有些地方是诸葛亮当年的确到过的，而有些地方是诸葛亮不可能涉足的，是后人附会上去的。但是不论真假，这些遗迹都表明：曾经为中国的民族融合做出过杰出贡献的人，是不会被历史忘记的，是会永远被各民族铭记的。

诸葛亮安定了大后方，班师回朝，开始着手北伐。为此，他向后主刘禅献上了千秋名篇《出师表》以表决心。

这份《出师表》为何能被后世称赞传诵千年之久？其中又蕴含着什么样的政治玄机呢？

第十四章　出师表

早岁那知世事艰，中原北望气如山。
楼船夜雪瓜洲渡，铁马秋风大散关。
塞上长城空自许，镜中衰鬓已先斑。
出师一表真名世，千载谁堪伯仲间！

——〔南宋〕陆游《书愤》

《出师表》好在哪里？

诸葛亮用攻心之战，平定了南中叛乱。“军资所出，国以富饶”，南中提供了大量的兵员和财富，蜀汉政权也慢慢地恢复了元气。

公元227年，诸葛亮率领大军北驻汉中，准备出师北伐曹魏。正式出兵之前，诸葛亮在军营之中、几案之上，摊开一卷竹简。耳中边声四起，眼前一灯如豆，诸葛亮想起隆中的躬耕生涯，想起白帝城的临终托孤，想到前不久五月渡泸、深入不毛，心中之情、胸中之气沛然莫之能御，于是饱蘸浓墨，奋笔疾书。写完之时，早已经泪如雨下、泣不成声。

这篇文章，就是名垂千古的《出师表》。

我知道《出师表》是好多读者童年的一个噩梦，因为要全文背诵。我今天跟别人聊起小时候学的课文，不管你是哪个年代的学生，不管你来自中国哪里，只要上过中学，肯定学过《出师表》。从清朝的《古文观止》，到民国的《国文课本》，再到新中国的《语文》课本，都收入了这篇文章。《出师表》是中国人语文课本里雷打不动的明星课文。

为什么中国人都要学《出师表》呢？《出师表》到底好在哪里呢？

从文学的角度看，《出师表》情词并茂，是一篇非常好的文章。

古人说，历史上有三篇文章最感人，你要是读了以后没哭，你简直就不是人。一篇是李密的《陈情表》，你读了没哭，“其人必不孝”，肯定不是好儿子；一篇是韩愈的《祭十二郎文》，你读了没哭，“其人必不友”，肯定不是好兄弟；再一篇就是诸葛亮的《出师表》，你读了没哭，“其人必不忠”，肯定不是忠臣。这个不是夸张，古代人读《出师表》真的会读哭。比如唐朝白居易，“前后出师遗表在，令人一览泪沾襟”；宋末文天祥的《正气歌》也写道：“或为出师表，鬼神泣壮烈”，不要说人，鬼神都看哭了。我们今天的人读《出师表》不太会哭，主要是因为文言文没学好，没看懂。一旦你真的读懂了，“嗷”的一声就哭了。

《出师表》不仅感情真挚动人，文辞也隽永过人。今天时不时会有个网络用语，红极一时，流行的时候满屏幕都是这个词儿，躲都躲不过去；可一旦过气了，就会迅速被人遗忘。用古人的话说，叫“速朽”。《出师表》不一样，《出师表》一共六百个字，创造了十几个流行语，不仅在当时广为传诵，而且在一千八百年后的今天仍然长盛不衰，已经成了汉语的一部分，比如危急存亡、妄自菲薄、引喻失义、作奸犯科、计日而待、苟全性命、不毛之地、感激涕零、不知所云……今天念起来，还是令人唇齿生香。你要是不服，可以挑战一下，也写一篇六百字的文章挂到网上，看能不能创造十几个流行语，被大家广为传诵，并且一直传到公元4000年。

精心安排，给皇帝戴上紧箍

《出师表》的好处，还不仅仅在纯文学方面。诸葛亮本来就不以文采著称，文章只是其余事而已。要说情词并茂，《陈情表》和《祭十二郎文》也写得非常好，但是《出师表》的知名度之高、格局之大，远在这两篇文章之上。南宋诗人陆游说：“出师一表真名世，千载谁堪伯仲间！”

一千多年来，还没有第二篇文章可以与之相提并论。其中的原因何在呢？

下面就从政治文化的角度，来破解《出师表》中蕴含的两大玄机。

首先，《出师表》设计了中国传统“君臣之道”的理想蓝图。

读古人的文字，必须明白其预设的读者是谁。《出师表》不是写给芸芸大众看的，而是写给皇帝刘禅看的。刘禅是刘备的儿子，小字阿斗，有句俗话叫“扶不起的刘阿斗”，说的就是他。刘禅是个什么样的人呢？且看一个小故事。

《晋书》记载，蜀汉有个小官叫李密，就是《陈情表》的作者，和陈寿是师兄弟。蜀汉灭亡以后，李密在晋朝做官。晋朝的一个宰相问李密：“你的老主子刘禅是个什么样的人？”这个问题，其实就是想羞辱李密。众所周知，刘禅是个昏君，这个宰相怎么可能不知道呢？他故意来问，就是想当众羞辱李密——你的老主子是个昏君，那你作为臣子也光彩不到哪里去。

那么李密是怎么回答的呢？

他说：“我给您打个比方吧，刘禅可以和齐桓公相比。”

这个宰相听了以后，非常纳闷：“为什么呀？齐桓公乃是春秋五霸之首，那是一代名君啊，而刘禅是个昏君，这两人怎么能比呢？”

李密说：“齐桓公任用管仲，就能称霸；管仲死了以后，亲近小人，结果死无葬身之地。刘禅任用诸葛亮，就能抵抗曹魏；诸葛亮死了以后，亲近小人，结果国家灭亡。所以我说，刘禅可以和齐桓公相比。”

李密这话虽然有回护故国的嫌疑，但也不尽是溢美之词。《三国志·后主传》也说刘禅“任贤相则为循理之君，惑阉竖则为昏暗之后”，任用贤人就变成好皇帝，任用小人就变成坏皇帝，近朱则赤、近墨则黑，是可塑性非常强的一个人。这就是历史上的刘禅。

诸葛亮对刘禅的这个特点非常了解，所以他在《出师表》里面告诉刘禅：“亲贤臣，远小人，此先汉所以兴隆也；亲小人，远贤臣，此后汉所以倾颓也。”汉朝兴隆的经验，就是亲贤臣、远小人；汉朝灭亡的教训，就是亲小人、远贤臣。所以，我离开国都以后，你别觉得没人管你了，就可以胡来，你也要亲贤臣、远小人。必须说明的是，“贤臣”与“小人”不是道德的区分，而是有制度背景。在汉代的语境之下，“小人”就是皇权的衍生品，是内朝的外戚、宦官；“贤臣”就是士大夫政治的代表人物，是外廷的公卿将相。西汉君主与公卿集议，共治天下，所以兴隆；东汉君主足不出宫闱，外戚、宦官轮流当政，所以倾颓。当然，诸葛亮知道，这种事情不能指望刘禅自觉。所以他在《出师表》里面，通过精心的制度设计，给刘禅戴了三个紧箍。

皇室的归皇室，政府的归政府

要理解《出师表》的深意，必须先理解中国古代（尤其是汉代）的基本政治结构。

钱穆的《中国历代政治得失》指出了“皇室”与“政府”的区别。简单来说，一个君主制国家，有君主的“私”的部分，也有社稷的“公”的部分。私的部分，就是皇室，是一家一姓的特权集团，首脑就是皇帝；公的部分，就是政府，是士大夫主持的官僚系统，首脑就是宰相。皇室深居内宫，由宦官服务，外戚可以出入；相府居于外朝，通过公开的选举（在汉代就是乡举里选，在唐宋就是开科取士）吸纳人才。在中国历史上，时而皇室强大，时而政府强大，反映为君权与相权之争。总体的趋势是，君权越来越强，相权越来越弱。到明太祖朱元璋废黜宰相，就变成绝对的君主专制了。

所以钱穆先生概括地说：“中国人一向意见，皇室和政府是应该分开的。”“皇帝是国家的唯一领袖，而实际政权则不在皇室而在政府。代表政府的是宰相。”钱穆说的是制度的规定、法理的应然，与历史实际会有一定出入。

汉代去古未远，相权确实保留有相当的势力。皇帝有一套秘书班子，叫作“六尚”，分别是尚衣、尚食、尚冠、尚席、尚浴、尚书，前五者都是皇帝的生活秘书，只有尚书算是工作秘书。宰相的秘书班子就大得多了，一共有十三曹，分别主管国家的人事、行政、法律、军事、交通、治安、财政等各项工作。皇室与政府的“私”与“公”，从中可以看得清清楚楚。

理解了这个制度背景，便可以反观《出师表》为刘禅设计的三道紧箍了。

第一道紧箍：宫府一体。

《出师表》云：

宫中府中，俱为一体，陟罚臧否，不宜异同。若有作奸犯科及为忠善者，宜付有司论其刑赏，以昭陛下平明之理，不宜偏私，使内外异法也。

“宫”，就是皇室；“府”，就是政府。“宫”是皇帝管的，代表皇帝一家子的私人利益；“府”是丞相管的，代表天下的公共利益。宫、府各有各的范围，不能越界。

以法律为例，如果有人犯罪，皇帝能管吗？按照现代人的印象，这太能管了！电视剧里不也老这么演吗？皇帝一吹胡子一瞪眼，喊一句推出午门斩首，人就被杀掉了。皇帝对于天底下每一个人，都有生杀予夺之权呀！

其实没有这么简单。如果是宫里面的犯罪，那皇帝说了算，因为皇帝是“宫”的首脑，宫中有一个专门机构叫作“掖庭令”，就是专门管宫里面的犯罪行为的，掖庭令直接对皇帝负责。但是如果是宫外面的犯罪，那就由廷尉直接管辖，丞相总负责，最后等处理的结果出来后，才呈报给皇帝批准。皇帝起的作用，相对来讲比较间接。

举个例子。汉文帝有一次被人冲撞了车驾，他派近卫军捉拿了人犯，押送到廷尉，要求严厉处置。廷尉依照律令，判处罚金之刑。汉文帝很不满意："这也太轻了！朕琢磨着，怎么也得是个死刑吧！"廷尉说："对不起。您抓了这个人犯，若是当时直接把他杀了，那我们无话可说，也管不了您。但是您既然送到了廷尉，那就只有按照法律处置，您无权过问。廷尉是天下司法的一杆标准秤，稍有轻重，天下用法都难以持平。"从这番话可以看出，皇帝本人固然可以逍遥法外，但只具有"私"的意味，并不具有合法性可言。

曹魏也有类似的例子。魏明帝曹叡权力欲很强烈，有一次到尚书的单位突击检查。尚书令陈矫拦在门口，问："陛下上哪儿去？"曹叡说："进去看看文书。"陈矫说："这是我的工作。如果您觉得我不称职，就把我撤了；您觉得我称职，那您就请回吧。"曹叡听了，羞惭而去。

但是东汉末年，皇帝想管宫外的犯罪，就专门设置了一个特别制度，叫"诏狱"。皇帝下诏，点名要求这个案子由朕来管。"诏狱"就是皇帝的专案组。但实际上，东汉末年的皇帝是不管事的，权力掌握在宦官的手中，所以"诏狱"就被宦官控制了。东汉末年，法制非常糟糕，就是皇帝的权力从宫中延伸出来，越位到府中而造成的。

现在，诸葛亮有感于汉末的弊端，在《出师表》里说："宫中府中，俱为一体，陟罚臧否，不宜异同。"宫和府，要有统一的赏罚机关，统一的赏罚标准。立功者则赏，犯罪者则罚，不管是宫里的人还是宫外的人，"宜付有司论其刑赏"，交付有关部门来讨论赏罚的处理决定，皇帝不要插手。这个"有司"，不是独立于宫、府的第三方机构，而是隶属于相府的司法机关。"不宜偏私，使内外异法"，"偏私"，就是偏向皇室、内宫的"私"。内，就是内宫；外，就是外朝相府。

汉末，宫压过府；现在，府要管宫。宫府一体，其实就是把宫、府的赏罚大权统一到政府手中，以相府监管皇宫。这是诸葛亮给刘禅戴的第一道紧箍。

接着是第二道紧箍：贤臣议政。

《出师表》云：

侍中、侍郎郭攸之、费祎、董允等，此皆良实，志虑忠纯，是以先帝简拔以遗陛下。愚以为宫中之事，事无大小，悉以咨之，然后施行，必能裨补阙漏，有所广益。

诸葛亮在《出师表》里安排了三个人：郭攸之、费祎、董允。这三个人，都是诸葛亮精心挑选的贤臣，道德品质高尚，业务能力突出，而且官职是“侍中”“侍郎”，也就是从府里选拔出来，在宫中侍候皇帝的人。诸葛亮告诉刘禅，宫外面的事情，固然有相府做主，你不要插手；“宫中之事，事无大小，悉以咨之，然后施行”，你皇宫里的事情，也不要擅自作主，不管大事小事，都要先问过这三个人，然后再去做，这样才能尽善尽美。

举个例子，有一次，刘禅想从民间选几个美女做他的妃子。按照我们今天的想法，皇帝要充实后宫，这种想法简直太合理了。刘禅自己也这么想，就去问这三个人，我要纳妃，行不行？未料，被董允一票否决。董允说：从制度上讲，“天子后妃之数不过十二”，你只能娶十二个老婆。我数了一下，你好像已经有十二个老婆了，所以不能再娶了。刘禅没辙，只好作罢。

贤臣议政，是由政府监督皇室。这是诸葛亮给刘禅戴的第二道紧箍。

最后是第三道紧箍：内行治军。

《出师表》云：

将军向宠，性行淑均，晓畅军事，试用于昔日，先帝称之曰能，是以众议举宠为督。愚以为营中之事，悉以咨之，必能使行阵和睦，优劣得所。

诸葛亮在《出师表》里还提到一个人——将军向宠，是军事专家。诸葛亮要求刘禅："营中之事，悉以咨之"，军营的问题，全让向宠做主，你不要插手。这里有个疑问：诸葛亮北伐，把蜀汉的军队几乎全带走了，剩下就是驻守各地的守军，哪里还有什么"营中之事"呢？

这就必须明确向宠的官职。根据《三国志·向宠传》的记载，向宠此时的官职是"中部督，典宿卫兵"。所谓"宿卫兵"，就是后世所谓的御林军，也就是皇帝的亲卫部队。向宠得到诸葛亮的举荐后，升迁为"中领军"。古代官职中的"中"字，大多表示宫廷之内。向宠负责在禁中统领刘禅的亲卫部队。理论上讲，皇帝当然对亲卫部队有指挥的权力。但是诸葛亮担心刘禅利用这点权力胡作非为，所以要求他一切动作皆问过向宠，再作决断。内行治军，就是想要排除皇室对军事的干预。这是诸葛亮给刘禅戴的第三道紧箍。

三道紧箍，就是诸葛亮给刘禅的权力划清界限：皇室的归皇室，政府的归政府，政府监管皇室。

皇帝比法大，谁比皇帝大？

现代人读到这里，简直要拍案而起：诸葛亮这是要犯上作乱呀！你一个臣子，把皇帝限制得死死的，这像什么话？

的确，诸葛亮和刘禅的关系非常微妙，从传统文化来看，他们俩互为父子关系。

一方面，刘备临终托孤，让刘禅把诸葛亮当父亲看待，诸葛亮是帝王师，是师父，刘禅是弟子，他们是师徒父子关系；另一方面，刘禅是君父，诸葛亮是臣子，他们又是君臣父子关系。诸葛亮虽然可以用师父的身份给刘禅戴三道紧箍，但是毕竟碍于君臣名分，有以下犯上的嫌疑。为了避免冲突，诸葛亮在《出师表》里面抬出了一个比皇帝更高的存在。

在中国传统政治文化中，有什么比皇帝还要高呢？法律吗？当然不是。法律是皇帝制定的，和皇帝是一体的。

中国传统政治文化，有三样东西比皇帝高：天道、经典、先王。

天道，就是老天爷。皇帝是天子，是天的儿子，当然比天道矮一头。西汉董仲舒搞天人感应，他说你皇帝做事情做得好，天上就会有祥瑞；做事情做得不好，就会有灾异。这个不是封建迷信，而是在用天道来制约皇权。

经典，就是圣贤留下的法律，比如《春秋》。汉朝人有个观念，叫“孔子为汉立法”，孔子晚年整理“五经”，写了一部《春秋》，不是要做历史学家，而是在为汉朝人立法。世俗皇帝的法律再高，也不能高过圣贤的法律。董仲舒搞《春秋》决狱，引用《春秋》中经典的案例和基本精神来修正律令、判决案件，这就是在用经典制约皇权。

先王，就是历朝历代的优秀君主，尤其是本朝列祖列宗。他们是你的楷模，是你的祖宗，所以比你高。诸葛亮《出师表》里有一个高频词，叫“先帝”，也就是你老子刘备。短短六百字的《出师表》，先帝出现了十三次：先帝创业未半、先帝简拔以遗陛下、先帝称之曰能、先帝在时、先帝不以臣卑鄙、先帝知臣谨慎、以告先帝之灵……《出师表》反复称说“先帝”，就是用先王制约今王的皇权，诸葛亮搬出这些概念，就是用历史制约权力，用文化制约权力。

所以说，我们今天读《出师表》不仅要读到它的真情实感，还要读到它的精心设计。诸葛亮用制度规范权力，以师道教育皇帝，让君主无为于上、臣子有为于下，相互制约、相辅相成，这就是中国古代“君臣之道”的理想蓝图。

“大一统”不是“大统一”

其次，《出师表》表达了中国人对“大一统”的不懈追求。

《出师表》的最终目的，是要“讨贼兴复”，也就是讨伐国贼，复兴正统。今天我们往往将“大一统”，理解成“大统一”，实现领土的统一和完整，这是一个比较狭隘的理解。“大一统”的思想博大精深。北宋欧阳修的《正统论》认为：“夫居天下之正，合天下于一，斯正统矣。”所以“大一统”至少应该有以下两个内涵。

第一，“合天下于一”，也就是用武力完成领土的统一。

中国人的“大一统”思想非常有意思，不提倡开疆拓土，只提倡统一全国。中国古代大致有一个传统的领域观念：西到流沙，东至于海，南到密林，北到长城。这一块儿，作为一个开国君主，有义务实现统一。开国君主如果没能统一，子子孙孙都有义务去统一。比如北宋开国，宋太祖赵匡胤没能够统一全国，因为北方的幽云十六州被契丹人给占了，所以北宋历朝历代的皇帝都要北伐，都要去收复失地。

至于这一块儿之外的领域呢？没有太多的非分之想。如果你作为一个皇帝，特别仁德，文化的辐射力到那一块儿了，人家来投奔你，那就接受；你不仁德，人家跑了，也不追。这叫“来则受之，去则由之”。比如汉朝刚刚开发海南岛，在那边设置郡县，结果当地人老是叛乱。皇帝说：大概我的仁德还不够，不能覆盖到海南岛吧？就撤出了海南岛。后来文化的力量慢慢滋长，潜移默化，才重新让海南岛成了中国领土的一部分。再比如清朝末年，朝廷之上讨论到底要不要放弃新疆，以现代领土国家的观念来看，这简直不可思议：不要说新疆那么大的地盘，就算是弹丸之地也得寸土必争啊，怎么能随便抛弃呢？但是当时人的观念却是：我们清王朝德衰了，远人不服，那就由他们去吧。这是一种非常和平的、没有侵略性的“天下”观念，和现代的领土主权观念很不一样。

有人说，统一是中国历史的主流，其实这话不一定对。从秦朝统一到今天两千多年，统一和分裂的时间基本上对半开。所以统一不一定是中国历史的主流，对统一的不懈追求才是中国历史的主流。而且有意思的是，不光是占优势的政权想统一，处于劣势甚至于绝对劣势的政权，也不甘心割据一方，也想统一。这是中华文明的特色。

明朝灭亡后，清朝想收复台湾，台湾郑氏政权也想要反清复明，这就是“大一统”思想在起作用。东汉末年天下三分，蜀汉最弱小，对统一的追求反而最积极。诸葛亮曾经派邓芝和孙权通好，约定一起消灭曹魏。孙权说：“要是灭了曹魏，咱们二分天下，你们做西边的皇帝，我做东边的皇帝，大家和平共处，我觉得倒也蛮好的。”邓芝义正词严地拒绝。他说：“天无二日，土无二王。将来消灭了曹魏，你我就要开战。不达统一，誓不罢休。”由此可见，追求统一是蜀汉政权的共识，也是《出师表》的意义所在。

第二，“居天下之正”，也就是用仁德建立合法的正统。

中国人追求统一，但并不会无条件地追求统一，为统一而统一。统一的一方，要具备正统，具备政治上的合法性。这个合法性，不是说你是汉朝的后代，是刘皇叔，就算正统。正统，主要体现为政治上的德性。现在有人责备诸葛亮，说要不是你出来捣乱，帮刘备建立国家，曹操早统一了。也有人说岳飞、文天祥不是英雄，因为他抵抗金人、蒙古人，拖延了统一的进程。这种论调，都只看到了低层次的大一统，没有看到高层次的大一统。唐朝诗人元稹有诗云：“凛凛出师表，堂堂八阵图。如公全盛德，应叹古今无。”正是看到了《出师表》追求领土的大一统、追求正统的大一统，洋溢着堂堂正正的天地正气。

《出师表》的堂堂正气，不仅在当时鼓舞了蜀汉政权，千百年后仍然富有动人心魄的力量。南宋岳飞面对强敌入侵，手书前后《出师表》，鼓舞士气；宋末文天祥，面临国仇家恨，发出“至今出师表，读之泪沾胸”的感慨。笔者到南阳访古，曾在武侯祠大殿摩挲拜读岳飞手书前后《出师表》石碑，仍能感受到浩然正气，从三国传递到南宋，又从南宋穿越到今天，从冰冷的石碑上喷薄而出，令人肃然动容、泣下沾襟。

以千古名文《出师表》作为开端，诸葛亮就此开始了北伐中原、统一中国的努力。

第十五章　挥泪斩马谡

吾心如秤，不能为人作轻重。

——〔蜀汉〕诸葛亮

真假“失空斩”

公元 227 年，诸葛亮上《出师表》；228 年，正式北伐。

应该说，诸葛亮第一次北伐，形势一片大好。因为曹魏方面完全没有防备，南安、天水、安定三个郡，集体反水，归顺蜀汉。诸葛亮也自认为，这一次北伐，“十全必克”，有十足的把握。谁也没有想到，接下来事情发生了一百八十度的大逆转。

《三国演义》里说，曹魏派大将司马懿率领军队抵抗诸葛亮。当时魏蜀的交界线上，有一个咽喉要道，叫街亭，双方都想夺取这个地方。诸葛亮就派参军马谡驻守，千叮咛万嘱咐，让他到了街亭后，一定要在大路上扎营。没想到马谡到了街亭，一看，大路旁边有座山，我在山上扎营，居高临下，岂不更好？就自作主张，上山去了。司马懿乐坏了：马谡这个猪脑子！赶紧派人围山，切断水源。几天下来，蜀军彻底崩溃，街亭失守。这叫“失街亭”。

司马懿乘胜追击，杀到诸葛亮的大本营。当时诸葛亮的军队，都派到外面去了，手下只有一群老弱病残。诸葛亮没办法，干脆派人把城门打开，让几个老兵在门口打扫卫生。他自己呢，领着两个童子，在城楼上弹琴看风景，一边弹还一边唱：“我本是卧龙岗散淡的人，论阴阳如反掌保定乾坤。”

唱了一会儿，司马懿大军杀到。

司马懿一看，诸葛亮城门大开，这是什么路数？拿不准，就在楼下迟疑观望。诸葛亮一看，司马懿来了，等的就是你，就唱歌勾引他：“左右琴童人两个，又无有埋伏又无有兵。你休要胡思乱想心不定，你就来来来，请上城楼司马你听我抚琴。”说的全是实话，结果司马懿疑心太重，吓坏了，掉转马头就跑。这叫“空城计”。

诸葛亮安全撤退后，追究责任，审判马谡。京剧《斩马谡》里，诸葛亮痛苦万分：“见马谡只哭得珠泪洒，我心中一好似乱刀扎。”最后咬咬牙，在三军阵前挥泪斩马谡。

失街亭、空城计、斩马谡，简称“失空斩”，一波三折、惊心动魄，是京剧里的名段，千百年来经过不断演绎，早已深入人心。

其实，“失空斩”的故事，有真有假。

首先，在“失街亭”里面，和诸葛亮唱对手戏的不是司马懿，而是张郃。当时司马懿在防守吴国，三年以后才和诸葛亮正面交锋。《三国演义》为了加强戏剧性，让诸葛亮和司马懿提前见面了。

其次，“空城计”在《三国志》里没有记载，只是晋朝的一个民间传说，司马懿当时还有“不在场证明”，这个故事的真实性不高。不过从这个传说也可以看出，晋朝人对他们本朝的老祖宗司马懿很不尊重，反而更加欣赏诸葛亮。

“失空斩”三幕剧，最复杂的还是“斩马谡”。

“挥泪斩马谡”的三大悬案

历史上的斩马谡，比起小说和戏曲，有着更多不为人知的内幕，也更加耐人寻味，更加让人揪心。

诸葛亮挥泪斩马谡，仅仅是因为马谡打了败仗吗？

事情当然没有这么简单。打了败仗的人，就都应该斩吗？当然不是。蜀汉也有许多败军之将，都没有被斩。所以，单追究兵败的责任，马谡其实可杀可不杀。

既然马谡可杀可不杀，那么为什么偏偏要斩马谡呢？有人就猜，说诸葛亮斩马谡，其实是为了撇清他自己的责任。因为刘备临死之前，曾经交代诸葛亮，说马谡这个人“言过其实，不可大用”，诸葛亮不但不听，反而重用马谡。结果出事儿了，诸葛亮就挥泪斩马谡以保全他自己。是不是这样呢？这是第一个悬案。

马谡既然可杀可不杀，那么诸葛亮坚持斩马谡，到底对不对呢？

有人认为不对。斩马谡，可以体现诸葛亮执法严明；不斩马谡，可以保留一个优秀人才。马谡这个人，足智多谋，年轻有为，是诸葛亮着意培养的接班人。我们前面讲南中之战，就是马谡献上了“攻心为上”的计策。蜀汉本来就缺人才，诸葛亮还把马谡这样不可多得的人才给杀了，所以后来“蜀中无大将，廖化作先锋”，诸葛亮要负直接的责任。那么，诸葛亮到底应不应该斩马谡呢？这是第二个悬案。

在以上所有问题之前，还有一个容易被大家因想当然而忽略掉的大问题：诸葛亮有没有斩马谡？

诸葛亮挥泪斩马谡，有没有斩马谡难道还有疑问吗？有。《三国志·马谡传》记载：“谡下狱物故，亮为之流涕。”什么叫“下狱物故”呢？就是关进监狱，然后死了。怎么死的呢？不清楚。物故，一般是说病死。有人就猜测，说监狱里卫生条件不好，所以马谡病死了。既然马谡病死在前，那么诸葛亮就不可能斩马谡了。这是第三个悬案。

马谡三宗罪

三大悬案，我们一个一个来看。

先看第一个悬案：诸葛亮为什么斩马谡？

根据历史学者宋杰的研究，马谡至少犯了三宗罪，每一宗都是死罪。

首先是战败之罪。街亭之战是第一次北伐的关键战役。马谡作为主将，把胜仗打成了败仗。诸葛亮北伐功败垂成，马谡难辞其咎。

战败是个什么罪过呢？曹操曾经下过一道军令，我们可以参考一下："其令诸将出征，败军者抵罪，失利者免官爵。"打大败仗，处死；小失利，免官。所以，战败是死罪。当然，三国时期是乱世，打仗很频繁，胜败乃兵家常事，法律执行起来难免要打个折扣。如果单看打败仗，马谡可杀可不杀。但是，他还犯下了其他的罪过。

比如，违令之罪。马谡战败，不是运气不好。《三国志·诸葛亮传》记载：马谡"违亮节度，举动失宜"。马谡因为违反了诸葛亮的安排，自作主张，所以才导致了战败的结果，他要负直接责任。违反军令，是什么结果呢？大家都很熟悉，四个字：违令者斩。据说是诸葛亮写的《便宜十六策》有云："当断不断，必受其乱，故设斧钺之威以待，不从令者，诛之。"军事作战，要求绝对的服从，不服从者，当然是死罪。不过即便如此，马谡还是有一线生机。因为诸葛亮的执法风格是"服罪输情者虽重必释"，你只要低头认罪，诚心认错，就可以坦白从宽。遗憾的是，马谡在犯了以上两宗罪以后，不思悔改，又犯下了逃亡之罪。

《三国志·向朗传》记载，诸葛亮手下有个官员叫向朗，就是《出师表》里面提到的那个军事专家向宠的叔叔。向朗和马谡私交很好，街亭战败以后，"谡逃亡，朗知情不举"，马谡战败逃亡，向朗知情不报。从这里可以看出，马谡在战败以后，不仅不肯低头认罪，而且战败逃跑。战败逃跑在古代是个什么罪呢？毫无疑问的死罪。

西汉初年，刘邦死了以后，吕后专权。有一次，吕后宴请吕家的亲戚们吃饭喝酒，让刘邦的一个孙子刘章维持宴会秩序。刘章说：“我喜欢打仗，请允许我按照军法来维持宴会秩序。”吕后觉得，你哪懂什么军法呀，无非就是女孩子喜欢过家家，男孩子喜欢玩打仗，就同意了。喝酒喝到后来，有人酒量不好，实在喝不下去了，瞅着没人注意他，中途就想开溜。刘章拔出宝剑，一路追出去，把这个人当场砍死，回来禀报吕后：“有亡酒一人，臣谨行法斩之。”有个人逃酒，被我依法杀了。从这里可以看出，临阵脱逃，军法上就是死罪。

有人说这法律怎么这么严厉啊？各位要注意，诸葛亮斩马谡，用的不是普通的法律，而是军法。有一句电影台词说得很到位：“做事情有三种方式：正确的，错误的，军方的。”所以马谡是不是可杀可不杀，不能用一般的法律来衡量，必须以军方的法律来衡量。衡量的结论就是：马谡犯下了三宗死罪，罪无可赦，死路一条。

从这个结论再来看第二个悬案：诸葛亮应不应该斩马谡？毫无疑问，马谡犯下了三条死罪，不是可杀可不杀，而是非杀不可。所以诸葛亮应该杀马谡，必须杀马谡，不杀马谡则不能服众。

马谡真的被斩了吗？

最后来看第三个悬案：诸葛亮到底有没有斩马谡呢？

答案是肯定的。

马谡虽然战败逃亡，但是最后还是被抓获，关进监狱。马谡在生命的最后时刻，给诸葛亮写了一封信，这封信保留在《三国志·马谡传》注引《襄阳记》里。

马谡说：“明公视谡犹子，谡视明公犹父。”您把我当儿子看待，我也把您当父亲一样尊重。现在我即将被杀，是我咎由自取。我只有一个心愿，希望您能“鲧殛而兴禹”。传说尧让鲧治水，鲧治水失败，被尧给杀了，尧继续任用鲧的儿子禹治水。马谡引用这个传说，其实就是在托孤，我即将死去，我儿子即将成为孤儿，希望您能念在旧情，照顾我的孩子，我马谡死而无恨。

这封信写上去没多久，马谡被斩，时年三十九岁。“于时十万之众为之垂涕”，十万大军都暗暗落泪，诸葛亮更是痛哭流涕。马谡死后，诸葛亮亲自祭奠马谡的亡魂，照顾马谡的遗孤，以实现对马谡生前的承诺。

《三国志》除了《马谡传》以外，都明确记载了“斩马谡”，所以诸葛亮挥泪斩马谡是没有疑问的。那么，为什么偏偏马谡本人的传记要不清不楚地写个“下狱物故”（在狱中死的）呢?

因为中国古代史书有“为传主讳”的传统。

你写一个人的传记，尽量不要在他的本传里面写他不好的事情。那如果确实有糗事要写怎么办呢？在别人的传记里带到一笔就可以了。比如赤壁之战，是曹操一生最大的糗事，但是你去读《三国志·武帝纪》，只能看到曹操跟刘备打仗，不利，又碰上瘟疫横行，就自己撤退了，根本看不出赤壁之战输得有多惨。你得看刘备、孙权、周瑜的传记，才能看得出来。所以马谡战败被斩，在他本人的传记里，就只含含糊糊写了一句“下狱物故”，至于到底是怎么死的，你要去看其他当事人的传。

用心如秤，用法律不用权术

诸葛亮挥泪斩马谡，对后世影响深远。“斩马谡”也已经从一个历史典故，变成了忍痛割爱、大义灭亲的代名词。诸葛亮挥泪斩马谡，也带给我们现代人许多启示。

治国以术，不以法，久之国必生乱，用法而废术，才是正道。法是法律条文，术是政治手腕。我们先来看一个用术版的“挥泪斩马谡”。

春秋时期，晋国公子重耳周游列国，得到曹国大夫僖负羁的优待。重耳回国做了君主，就是春秋五霸之一的晋文公。晋文公攻占曹国，专门下了一道军令：严禁任何人进入僖负羁家，违者杀无赦。结果晋文公手下有两个武将，一个叫魏犨，一个叫颠颉，都是当年跟着他周游列国的患难功臣，他们俩放火把僖负羁家给烧了。魏犨在放火的时候，犯了技术性错误，把自己也烧成了重伤。

晋文公得知此事，勃然大怒，要执行军法，“挥泪斩马谡”。但是他知道魏犨武艺高强，杀了未免可惜。又转念一想，魏犨不是被烧成重伤了吗，如果已经是废人了，那就杀了得了。所以就派了个使者去魏犨家里看。

魏犨知道晋文公的意思，他用绷带把身上的烧伤全都绑好，外面穿上衣服，看不出来。又当着使者的面“距跃三百，曲踊三百”，向上跳了三百下，横着跳了三百下，表示我身体一点问题没有，还可以继续打仗。使者回来报告，说魏犨比烧伤之前更健康了，晋文公就挥泪斩了颠颉这个倒霉的废物，表示严格执法，而赦免了魏犨。所以孔子评价晋文公“谲而不正”，尽搞歪门邪道，不够堂堂正正。

三国时期也一样，很多人用法律，其实都是在用术，而不是用法。我们前面讲到曹操挥泪斩粮草官，也是用的诈术。用法，考虑的问题是：他有没有违法？有，我就要严格执法。用术，考虑的问题是：严格执法，利大于弊还是弊大于利？如果利大于弊，我就严格执法；如果弊大于利，我就放你一马。这种观点，只考虑执法者本人的利害关系，而没有考虑法律区别于一切利害关系的独立价值。诸葛亮挥泪斩马谡，恰好相反，用法而废术，所以才能感染一代又一代人，成为严格执法的典范，成为中国传统法文化的精神遗产。

治国以法的前提，是执法者要做到有情而无私。

诸葛亮曾经说过："吾心如秤，不能为人作轻重。"（《北堂书钞》卷三七引《诸葛亮书》）我的心就像秤一样平，不会因为某些人而变轻，也不会因为某些人而变重。

马谡和诸葛亮感情这么好，两人情同父子，可一旦马谡违反军法，诸葛亮仍然严格执法，处死了他，这就是大公无私。我们前面说马谡犯了三宗死罪，诸葛亮只能杀他，别无选择，这是从法律上来讲的。其实诸葛亮如果不想杀马谡，在当时而言，也就是一句话的事情。但是诸葛亮顶住压力，控制情感，毅然处死了马谡。

京剧《斩马谡》，诸葛亮的帅案之后有四个大字："三军司命"。司命是传说中控制人生死的神。诸葛亮身为三军统帅，每一个判决都影响着这支军队的战斗力，左右着三军的命运。所以，他必须大公无私。

但是大公无私，不代表诸葛亮没有感情。"挥泪斩马谡"最动人的地方不在于斩马谡，而在于挥泪。诸葛亮斩马谡时流的眼泪，不是作秀，而是情到深处，真情流露。正因为诸葛亮是这样真性情的大丈夫，所以刘备、马谡，才会先后向他托孤。曾子有云："可以托六尺之孤，可以寄百里之命，临大节而不可夺。君子人与？君子人也！"（《论语·泰伯》）可以把自己的孤儿托付给他，可以把国家的政权寄托给他，在生死关头也不会动摇。这种人是君子吗？这种人就是君子啊！

曾子的这段话，正是诸葛亮君子人格的最佳写照。

诸葛亮第一次北伐，以失败而告终。但是，诸葛亮绝不会就此放弃。很快，他重整旗鼓，卷土重来。

此后的北伐，诸葛亮会以怎样的方式登场？诸葛亮怎样用法律辅佐军事，从而打造出一支堪称典范的王者之师呢？

第十六章　王者之师

诸葛孔明千载人。其用兵行师，皆本于仁义节制，自三代以降，未之有也。

——〔南宋〕洪迈《容斋随笔》

名将的两大类型

公元228年，诸葛亮第一次北伐功败垂成，挥泪斩马谡。但是，诸葛亮并没有放弃努力。诸葛亮从公元228年首次出师，到公元234年在五丈原去世，前后五次北伐、一次防守，共和曹魏作战六次，这就是《三国演义》所谓的“六出祁山”。

那么，诸葛亮打仗的水平究竟如何？历史上对此有截然不同的两种看法。

一种看法肯定诸葛亮，认为诸葛亮神机妙算，战无不胜，是第一流的军事家。

唐朝曾设置了一座武庙。武庙，祭祀的是中国历史上最杰出的十二个军事家。整个魏晋南北朝三四百年的时间，只有诸葛亮一个人入选，可以看出诸葛亮的军事水平确实非常高，得到了后世官方的认可。

另一种看法否定诸葛亮，认为诸葛亮穷兵黩武、劳师无成，是不入流的军事家。

这种看法，最喜欢引用《三国志》作者陈寿的评价：“应变将略，非其所长。”说诸葛亮只擅长治国理政，不擅长行军打仗，他六出祁山，是因为能打仗的名将都死光了，不得已赶鸭子上架，所以屡战屡败，没有尺寸之功。

那么，诸葛亮到底会不会打仗呢？在评估军事水平之前，我们先来领教两种不同的作战风格。

《史记》上说，西汉有两大名将，一个叫李广，一个叫程不识。李广带兵，规矩很少，非常自由。他的兵，机动性很强，经常漫山遍野到处跑，冷不丁碰到敌军就开打，打胜仗是家常便饭，打败仗也是家常便饭，胜率、败率都很高。程不识和李广截然相反。程不识带兵，军队的纪律非常严格，怎么安营扎寨，怎么站岗放哨，一板一眼，有条不紊。他的军队很少打败仗，但是也很少打胜仗。

李广和程不识，你觉得这两个人谁的军事水平更高呢？不好说，只能说两个人作战风格不一样。一个轻灵剽悍，适合搞突然袭击、尖兵作战；另一个稳健持重，适合扎硬寨打死仗。更进一步而言，李广打仗，走的是“高明”一路，靠的是他的天赋，是“才”；而程不识打仗，走的是“沉潜”一路，靠的是军队的法度，是“法”。

反观汉末三国时代，当时最牛的两个军事家曹操和诸葛亮，也像李广和程不识一样，一个靠“才”，一个靠“法”。

曹操打仗，奇谋秘计，机变百出，打了很多胜仗，但是也经常吃败仗，胜仗赢得漂亮，败仗输得难看。诸葛亮打仗，就不像曹操那么花哨，很少看到他用什么计谋。现在人印象中诸葛亮用的那些计谋，那样神机妙算的形象，大多是《三国演义》的虚构。历史上的诸葛亮打仗非常朴实。但是他的每一个动作都像教科书一样标准，在平淡无奇之中，隐隐透出不可撼动的威力。

唐太宗李世民与名将李靖，都是了不起的军事家。他们曾经谈到诸葛亮的一句名言：“有制之兵，无能之将，不可败也；无制之兵，有能之将，不可胜也。”有严格规范制度的军队，即使将领无能，也很难一溃千里；而军法不严的队伍，即使将领很有才干，也难以取得胜利。这正是用制度治军优势的典型例证。

唐朝元稹有诗云："凛凛出师表，堂堂八阵图。如公全盛德，应叹古今无。"诸葛亮行军打仗，进退如法，动静有度，凛然不可侵犯，是堂堂正正的王者之师。所以陈寿说诸葛亮"治戎为长，奇谋为短"，在依法治军方面很有一手，但是奇谋妙计却不免略逊一筹。这个评价，确实抓住了诸葛亮长于"法"而短于"才"的作战风格。

高科技，才是第一战斗力

那么，诸葛亮的兵法，包括了哪些具体的内容呢？他用什么独门秘技，打造出一支堂堂正正的王者之师呢？诸葛亮的兵法，包括三种"法"。

诸葛亮兵法的第一种"法"，是"技法"。

所谓技法，就是军事科技。现代化作战，拼的就是科技；冷兵器时代，也要拼装备。谁的装备强，谁就能立于不败之地。诸葛亮治军，最看重装备，史称"工械技巧，物究其极"，每一样作战武器，都要做到极致。

比如诸葛连弩。中国古代主要的远程射击武器是弓。但是弓有一个缺陷，只能在短时间内用爆发力张弓搭箭，没有办法一直拉着弓弦瞄准。而且每个人的臂力不同，臂力强的人骑射厉害，臂力弱的人就用不了强弓。为了解决这些问题，古人发明了弩。

弩，可以事先把弦拉开，放上箭，进行瞄准。敌人来了，一扣扳机，箭就射出去了。《三国志》记载，诸葛亮对弩进行了改良，发明了十连发的诸葛连弩。以前的弩，射完一箭，要重新装箭，很麻烦。诸葛连弩上面装了箭匣，可以连续扣十次扳机，连续射十支箭。而且诸葛连弩的箭，全是铁箭，杀伤力非常强。杀伤力有多强呢？1964 年，四川出土了一个蜀汉时期的铜弩机，是一个“十石机”，换算到今天，有五百多斤的力量。这么强的弩，单靠一个人的力量是拉不开的，要几个人一起拉开，然后瞄准。弩机上还有“望山”，就是瞄准仪，可以提高射击的精确度。诸葛连弩在当时全世界来讲，也是威力无穷的大杀器。街亭之战中打赢马谡的曹魏名将张郃，后来就是被诸葛连弩射死的。

再比如木牛流马。诸葛亮对魏作战，长途跋涉，蜀道艰险，粮食运输非常困难。《三国演义》上说，诸葛亮发明了一种运粮食的自动机器人，叫木牛流马。做成牛和马的形状，装上粮食，不用人力，可以自动行走。但是也有人说，木牛流马没有这么神奇，木牛流马其实就是改良版的独轮车，比较方便在险峻的蜀道上运粮，如此而已。这个落差有点大，让人有一种心碎的感觉。

那么，木牛流马到底是神奇的自动机器人，还是让人心碎的独轮车呢？《南齐书・祖冲之传》记载，南北朝的时候有一位大科学家叫祖冲之，就是算圆周率的那个人。有一次，他看到诸葛亮木牛流马的制作秘方，觉得巧则巧矣，但还不够给力，就自己动手做了一个改良版的。史书记载，祖冲之造的这个木牛流马“不因风水，施机自运，不劳人力”，不需要风力和水力，也不需要耗费太多的人力，就可以自己运作。祖冲之所在的南朝，距离蜀汉还不太远。从这个记载来看，恐怕木牛流马并非独轮车那么简单。至于木牛流马到底是什么，这已经成了一个千古之谜，还有待科技史家去破解。

除此之外，诸葛亮还制作了五折钢铠、十折矛、扎马钉、云梯冲车、百尺井阑等攻战用具，提高了蜀汉军队的战斗力，在对魏作战中发挥了巨大的作用。由此看来，诸葛亮不仅是一位杰出的军事家，而且是中国历史上伟大的科学发明家。

诸葛亮不仅自己善于科技发明，还懂得寻访能工巧匠，网罗科技人才。比如，他请来一位兵器专家蒲元，为军队打造刀具。蒲元是蜀汉的炼刀名家，性格古怪，但手艺出神入化。他绝不轻易炼刀，但炼出的刀则没有一把次品，号称“神刀”。

有一次，蒲元在军营炼刀，炼到“白亮”的程度时，派助手去成都取蜀水。助手想偷懒，说：“汉中不是有汉水吗，何必舍近求远？”

蒲元一本正经地说：“汉水纯弱，不任淬；蜀水爽烈，适合淬刀。”

助手没有办法，谁叫自己服侍这么一位犟驴脾气的爷呢？只好往成都赶。助手从成都取水回来，蒲元一试，板着面孔说：“此水已掺杂了涪水，不能用。”说完，就要把水全给倒了。

助手一看那个心疼哟，我千里迢迢给你取水，你怎么说倒就给倒了？连忙阻拦，嘴上还抵赖：“没有哇，这可是如假包换的蜀水！”

蒲元也不说话，用刀在水里划了两划，观察一下，说：“这水掺杂了八升涪水。”

助手一听吓坏了：爷，您是跟着我去的吧？我在回来的时候洒了八升水，怕没法交差，就近在涪水取了八升。得，摊上您这么一位主，我自认倒霉，我再去成都跑一趟吧。

蒲元为诸葛亮打造了三千把“神刀”，诸葛亮随机挑出一把交给蒲元。蒲元找来一根竹筒，里面灌满铁珠，挥刀砍去。随着一声金铁相碰之声，竹筒应声而断，铁珠暴跳满地。诸葛亮点了点头，表示满意。

这些神乎其技的科技发明，成为蜀汉对魏作战的核心竞争力。蜀汉军队在当时世界上来讲，也是一支少有的高科技军队。

千古谜云八阵图

诸葛亮兵法的第二种“法”，是“阵法”。

中国古代打仗，讲究排兵布阵，有很多非常神奇的阵法。小说读多了就知道，什么一字长蛇阵、二龙出水阵、三才阵、四门阵、五花阵、六丁六甲阵、七星阵、八卦阵、九死连环阵、十面埋伏阵，五花八门，无奇不有。

阵法是干吗用的？古代的小说和评书写得比较离奇。双方打仗，我这边摆个阵，你派人来破。你那边人进了阵，我就变阵，搞得跟个人肉迷宫一样，你左冲右突出不去，就被我给灭了。这种阵，听上去很玄妙，其实挺傻的。笔者小时候读小说读到这种情节，就经常在想，我不派人进你的阵，你这阵不就废了吗？所以这是不符合历史事实的。

诸葛亮最有名的阵法，叫“八阵图”，俗称“八卦阵”。相传诸葛亮曾经在重庆奉节，用石头堆了一个八卦阵，一直到今天都还有遗迹在。杜甫有诗云：“功盖三分国，名成八阵图。江流石不转，遗恨失吞吴。”提到的就是这个石头八卦阵。

《三国演义》说，夷陵之战，刘备惨败，东吴名将陆逊一路追杀他，追到这儿，发现一个石头八卦阵。陆逊杀敌心切，就冲进来了。进来以后，才发现千门万户，不得其门而出，被困住了。正当绝望之际，诸葛亮的老丈人黄承彦现身，把陆逊领出了八卦阵。今天很多旅游景点都建了所谓的八卦阵，其实就是迷宫，和阵法没什么关系。

那么，历史上的八阵图，到底是什么呢？

诸葛亮北伐，主战场在关中平原。这个地方一马平川，无险可守。诸葛亮的军队，以步兵为主；而曹魏的军队，却有非常强大的骑兵。想当年曹操南征，派精锐骑兵一日一夜急行军三百里追杀刘备，显示了骑兵的威力。冷兵器时代，兵种相克非常厉害。人家有骑兵，打你步兵，跟玩儿一样，压倒性的优势。为了克服这个困难，诸葛亮“推演兵法，作八阵图”，对历史上流传的阵法进行创新，发明了八阵图。所谓八阵图，就是利用多兵种互相配合，在无险可守的情况下，制造出防御纵深和进攻体系的战术。笔者根据历代学者研究的情况，给大家做一个大概的讲解。

八阵图，平时是一个大阵。大阵的东南西北，可以各分离出一个中阵。四个中阵，拱卫着中间的主帅，一共是五个阵。遇到敌人，可以进一步分化。东、南两个中阵，分化出一个阵，位于东南方；西、北两个中阵，分化出一个阵，位于西北方；东北方、西南方也分化出两个阵，加上原来东南西北四个阵，就是八个阵。八个中阵，拱卫主帅，其实一共是九个阵，这就是八阵图的完成形态。

每个中阵，又分为六个小阵，包括三个兵种，分别是车兵、弩兵和步兵，其中以步兵为主。车兵是干吗的呢？敌人的骑兵杀过来，车兵就组成一道防御工事，对敌人的马匹进行拦截。弩兵躲在车兵的后面，用诸葛连弩远程射击。等到敌人乱了，步兵再杀出去，近身肉搏。中军主帅的这个阵，可以分为十六个小阵。主帅在中央掌控全局，随时变阵，还可以让自己的手下随时支援周围的八个阵。

在整个八阵图的后面，还有二十四小阵，都由骑兵构成。骑兵的机动性最强，随时看主帅的指挥，冲到八阵图的各个位置，对敌军进行切割、包围、追杀。整个八阵图，实际上包括了十个中阵、八十八个小阵。

八阵图是一个轴对称图形，敌人进攻其中任何一个中阵，两侧的中阵都可以集中兵力过来救援。这叫“四头八尾，触处为首，敌冲其中，两头皆救”。（《唐李问对》）形象点说，就好像一条大章鱼一样，中间一个大脑掌控全局，周围八个腕足，互相配合，防御非常严密。

那敌人如果逃跑，怎么办呢？因为八阵图是轴对称的，所以任何一个中阵都可以变成队列的最前方，往前追击；其余中阵就保持队列，一起跟随追击。如果作战不利要撤退，则前队变后队，后队变前队，调转马头就可以逃跑。这就是诸葛亮的八阵图。

那么重庆奉节的石头阵，又是什么呢？如果这个东西真的跟诸葛亮的八阵图有关，那可能是练阵法时用的定位点。

八阵图，比诸葛亮之前的阵法要复杂多变，是野战中步兵对抗骑兵的绝招。诸葛亮练成八阵图以后，他自己也说："八阵既成，自今行师，庶不覆败。"我的八阵图已经练成了，从此以后行军打仗，估计不会再失败了。这个说法并不夸张。诸葛亮六次对魏作战，野战从来没有输过。在大平原上，步兵客场作战对抗骑兵，能够取得不败的战绩，这在军事史上是一个奇迹。但是，八阵图也有它的缺点，即四平八稳、机动性差、防守有余、进攻不足。所以诸葛亮打仗，很少吃败仗，但也很少打胜仗，就有这方面原因。

宁可败绩于敌，绝不失信于兵

诸葛亮兵法的第三种"法"，是"军法"。

军法，就是战时军队的法律。汉末三国打仗，杀戮非常厉害。前面讲过，曹操打仗最喜欢滥杀无辜，动不动就屠城。司马懿打辽东公孙渊，战胜以后，曾经"筑京观"，就是把敌军俘虏杀死，把尸体堆积得跟小山一样高，再用泥土加固，做成一个类似于山丘的建筑物。这是当时用来炫耀武力的一种恶俗。

这种事情，从来没有发生在诸葛亮的军队中。诸葛亮军纪严明，史称"出入如宾"，诸葛亮的军队在曹魏的国境内来往，就好像来做客的客人一样，从来不骚扰当地老百姓。诸葛亮最后一战，在曹魏的五丈原屯田，蜀汉军队和曹魏的老百姓挨着，各种各的田，混熟了以后，见面还打招呼："吃了吗您哪？""吃了！上田去？""上田！"其乐融融，生活一点都不受影响。这样的军队，在汉末三国时代，独此一家，别无分店。放在整个中国古代史上，也是比较罕见的。

诸葛亮军法的精髓还不在于"严"，而在于"信"，史称"赏罚必信"。无论赏赐还是惩罚，说话算话，绝不失信于人。

《三国志》注记载了一个故事：诸葛亮率领十万大军出征，其中两万人可以轮流休假。这个月，回去两万人，休息一个月，回来，再换两万人回去。这样可以保证军队的战斗力。结果有一次，刚要换班，司马懿率领三十万大军过来了。参谋就说："丞相，这次干脆取消休假。要不然剩下八万人，估计打不过。"诸葛亮说不行。"吾闻统武行师，以大信为本。"行军打仗，要以"大信"为本。士兵们行李都收拾好了，就等着放假了；他们的家人儿女，也在家里面掐着手指头，算着日子，望眼欲穿，盼望亲人归来。"虽临征难，义所不废"，虽然战局非常困难，但是从道义上讲，令出必行，必须放假。

晋朝人袁准评价诸葛亮"法令明，赏罚信，士卒用命，赴险而不顾，此所以能斗也"。法令严明，赏罚必信，所以士兵打起仗来争先恐后、舍生忘死，这是蜀汉军队战斗力强大的根本原因。诸葛亮用技法、阵法、军法，打造了一支王者之师，所以才能够立于不败之地。前文说诸葛亮与曹操乃是三国最杰出的两位军事家，这是古人的公论。至于近世，许多人因为对陈寿的评语发生误解，以为诸葛亮军事才能一般，乃至于竟误以为司马懿的军事才能更高一筹，这就纯属误会了。这里倒也不妨多说两句。

提到司马懿的用兵风格，你会想到什么？老成、稳重、擅长防御？完全错了。司马懿最擅长的是长途奔袭、闪电作战、速战速决。不妨看两个经典战例。

蜀汉降将孟达，曾受诸葛亮策反，又一次反水，想要回归蜀汉。司马懿接到皇帝的平叛指令，长途奔袭一千二百里，仅仅八天就兵临城下，十六天就破城斩首，史称"克日擒孟达"。

又如公孙氏祖孙三代盘踞辽东近五十年，树大根深。到公孙渊时，叛魏自立。司马懿从长安出征，事先放出豪言："去程一百天，作战一百天，回来一百天，修整六十天，一年足矣。"作战过程，果如所料。

正是这样一个来去如风、擅长打闪击战的司马懿，在拥有优势兵种、拥有压倒性的兵力和国力、拥有主场优势的情况下，却任由诸葛亮随意来去，硬是在军事史上以龟缩战术、擅长防守而著称。当时人评价司马懿“畏蜀如虎”，害怕诸葛亮，就像害怕老虎一样。诸葛亮的军事实力之强，由此可见一斑。

不过诸葛亮也有他的缺点。诸葛亮一生小心谨慎，从来不打无准备之仗。他能够用法，但是不擅长法外出奇，所以虽然能够保持不败，但也难以取胜。这就是《三国志》所谓的“治戎为长，奇谋为短”。五次北伐，劳而少功，原因就在于此。

就在诸葛亮第四次北伐，形势一片大好的时候，大后方突然传来一个消息，让诸葛亮不得不再一次退兵。也正是这个消息，成为一个导火索，引发了蜀汉历史上最重大的一起惊天大案。

第十七章　李严大案

法行于不可不用，刑加乎自犯之罪，爵之而非私，诛之而不怒，天下有不服者乎！诸葛亮于是可谓能用刑矣，自秦、汉以来未之有也。

——〔东晋〕习凿齿

从同事到政敌，李严的心路历程

诸葛亮第四次北伐中原的时候，从后方传来一个坏消息：粮食运输困难，请求撤兵。无奈之下，诸葛亮只能全军撤退，第四次北伐又以失败而告终。

这个消息，引发了蜀汉历史上最扑朔迷离的一宗案件——李严大案。

李严是什么人呢？李严是诸葛亮的政敌。诸葛亮也有政敌吗？当然有。诸葛亮不是生活在真空里面的人，他面临的政治环境，比我们想象的要复杂得多。诸葛亮为人光明磊落，自然不会有意排挤其他大臣，搞党派之争。

但是，你不和别人作对，挡不住别人会来和你作对。

前面讲过，刘备临终之前，白帝托孤，找了两个托孤大臣，托付后事。一个是诸葛亮，另一个就是李严。李严之后便成了诸葛亮的政敌。

李严既然和诸葛亮同为托孤大臣，按理应该与之同心同德、共扶社稷，为什么会变成诸葛亮的政敌呢？我们先来考察一下李严的心路历程。

李严，字正方，荆州南阳人，先后在荆州牧刘表、益州牧刘璋的手下做官，做的都是县令，七品芝麻官，郁郁不得志。刘备攻占益州以后，慧眼识英雄，破格提拔了李严。李严也由此平步青云，迎来了自己的春天，并展现出了非凡的才干。刘备临终之前，第一时间召见李严，让他和诸葛亮一起接受托孤，辅佐后主刘禅。

刘备为什么会让李严做托孤大臣呢?

其中至少有一个原因是看中了李严的才干。诸葛亮曾经夸奖李严“部分如流，趣舍罔滞”，处理公务犹如行云流水，毫不拖泥带水。能得到诸葛亮的夸奖的人，想必也不是等闲之辈。

除了李严的个人能力之外，还有一些潜藏在李严背后的政治因素，也是作为统治者的刘备不得不考虑的事情。清代学者何焯认为，李严本来是益州牧刘璋的手下，代表了益州本土势力。李严的籍贯又是荆州南阳，刘备手底下有很多人都是从荆州过来的，重用李严，荆州一派的人也能够接受。尤其是诸葛亮，以前曾经躬耕南阳，在南阳隐居十年，和李严“有乡党之分，必能协规”（《义门读书记》），他们俩有半个老乡的情分，一定能够齐心协力，共同辅佐后主。

李严出身基层小吏，摸爬滚打十几年，终于在刘备临终之前一步登天，成为蜀汉的头面人物，心里也非常得意，自以为从此以后自己就可以和诸葛亮分庭抗礼、并驾齐驱。隐忍多年，终于熬出头了!

但是，事情的发展完全不符合李严的预期。

刘备托孤，是在永安白帝城，也就是今天重庆的奉节。所以刘备临死之前，安排李严留守永安，后来又移镇江州，防备孙吴。江州在今天重庆主城区。诸葛亮则回到成都，辅佐后主，北伐曹魏。

表面上看，两个托孤重臣，一个在成都，一个在重庆，一个打曹魏，一个防孙吴，好像地位差不多，实际上却有天壤之别。

成都是首都，重庆只是边关，地位不可同日而语。刘备死的时候，孙吴和蜀汉还在敌对状态，所以李严防守孙吴，地位非常重要；但是刘备死后，经过诸葛亮的努力，蜀汉和孙吴已经邦交正常化了，现在蜀汉全国的重心就是北伐曹魏，防守孙吴只是装装样子，所以李严的地位明显下降。

李严的地位，在刘备托孤前后，先是大起，紧接着又是大落，他心理上难以承受，感到非常失落。眼看着诸葛亮一次又一次地北伐曹魏，打得热火朝天，自己却被晾在一边，李严由失落而嫉妒，由嫉妒而仇视，从诸葛亮的同僚一步步走向了诸葛亮的对立面，成了诸葛亮的政敌。

立身以正，让对手无隙可乘

政敌关系是最复杂、最微妙的关系。政敌不像军事上的敌人，可以两军对垒，真刀真枪地直接开打。古代有多少名将在战场上横扫千军如卷席，却斗不过朝堂上不带刀枪的政敌。因为政敌不能明争，只能暗斗。但是你暗斗，可能就会用阴谋诡计，不符合政治道德。所以这个关系最难处理，搞不好就会发生流血政变。输了，自己死无葬身之地；勉强获胜，也弄得朝堂上人心惶惶，威胁统治秩序。

而诸葛亮解决李严问题，不仅没有死一个人、流一滴血，也没有做一件违背道德的事情，更难能可贵的是，李严从此以后对诸葛亮心悦诚服，诸葛亮死后，李严失声痛哭，郁郁而终。那么，诸葛亮是怎么做到的呢？

第一招，立身以正。

武侠小说《射雕英雄传》有个故事：天下英雄豪杰包围了武林败类裘千仞，要为民除害。裘千仞就反问他们："你们凭什么杀我？你们自己有谁一辈子没有做过坏事、杀过人，就请上来动手吧。如果你们自己都做过坏事，那你们有什么资格杀我？"大伙儿一思量，谁没做过坏事呢？都很惭愧，大家面面相觑，没人敢动手。

这个时候，丐帮帮主洪七公来了。洪七公说："老叫花一生杀过二百三十一人，这二百三十一人个个都是恶徒，若非贪官污吏、土豪恶霸，就是大奸巨恶、负义薄幸之辈。老叫花贪饮贪食，可是生平从来没杀过一个好人。裘千仞，你是第二百三十二人！”裘千仞听了，心服口服，哑口无言。为什么裘千仞没话可说呢？因为洪七公太正派了，让对手根本找不到破绽。

诸葛亮也一样。比如说，李严有一次劝诸葛亮，说您现在在蜀汉威望这么高，丞相这个职务已经无法表达大家对您的崇拜之情了，您干脆“受九锡，晋爵称王”吧！

什么叫“九锡”呢？“锡”通“赐”，九锡，就是皇帝特赐给臣子的九种最高规格的礼器。受九锡，在汉朝是有特殊政治含义的。汉朝受过九锡的，头一个是王莽，第二个是曹操，第三个是孙权，都是乱臣贼子。受九锡，称王，下一步就是自己或子孙称帝。所以李严劝诸葛亮受九锡、称王，用心险恶：我想胡作非为，先把你拉下水，只要把你弄脏了，你就没有资格乌鸦笑猪黑。

诸葛亮不吃这一套，他给李严回了一封信，说：“我原本以为和您交往这么久，您一定对我很了解，没想到您还是不懂我的心。我受先帝知遇之恩，位极人臣，已经很满足了。现在正是北伐中原的关键时刻，不应该想着个人的荣华富贵。我希望能够和您一起，打败曹魏，光复汉室，到时候共享天下太平。”这样一来，李严就无话可说了。

所以后来李严想要找五个郡，以江州为核心，成立一个巴州。你诸葛亮不是益州牧吗，我要做巴州牧，和你平起平坐。此后，李严又想开府治事，也就是掌握独立的人事任免权，自己成立一个政府，这些要求都被诸葛亮一一拒绝。但凡诸葛亮做过一件见不得人的事情，就会成为李严的把柄。正因为诸葛亮自己立身以正，所以可以义正词严地拒绝李严的非分之想，让李严无话可说，心服口服。

化敌为友，消灭敌人的最高境界

第二招，化敌为友。

诸葛亮北伐，兵力不足，想要借李严手里的兵力，于是派人叫李严一起去。李严心想："我可不去，我宁可在江州独占山头做个土皇帝，也不到你手下任你摆布。"所以故意提了各种各样苛刻的条件，找借口不去。

三国之中，蜀汉本来就最弱小，现在兵力又分散，诸葛亮带一支兵，成都留一支兵，李严手里还握着一支兵，这怎么能行呢？

公元230年，曹魏派遣大军进攻蜀汉。诸葛亮趁此机会，再一次请李严出手相助。他给李严开出三个优惠条件。

第一，封你为骠骑将军，这是蜀汉的最高军衔。在军事上，你的地位直接超过我。

第二，让你全权处理丞相府的一切事务。在文治上，你的权力和我以前的一样大。

第三，提拔你的儿子李丰接你的班，掌管江州的军政事务。你的地方势力，全都可以保留。

李严一盘算：我既可以升官，做骠骑将军，又可以主管丞相府，重返权力中心，还不用担心后院着火，江州有我儿子管着，还是我们老李家的地盘，这笔买卖划得来。李严于是带领两万军队，开赴汉中，协助诸葛亮一起抵抗曹军。

有人说，诸葛亮这不是调虎离山吗？这是阴谋诡计啊！不对。诸葛亮完全实现了自己的承诺，不但把江州交给李严的儿子李丰掌管，而且确确实实把丞相府的事务全权交给李严处理。当时很多人都不理解，觉得诸葛亮对李严太好了。其实诸葛亮的这个做法，非常高明。

首先，诸葛亮有足够的信心，我吃得下李严，所以只要把你调出江州，置于丞相府，就算给你再大的权力，你也闹不出乱子来。

其次，诸葛亮想要化敌为友，把一支敌对的势力，转变成丞相府的一员，转变成北伐大军的有生力量。

诸葛亮的这封信就是攻心为上的思路，用信任换取李严的忠诚。

开诚布公，让阴谋无处遁形

第三招，开诚布公。

诸葛亮第四次北伐的时候，李严在汉中负责运输粮草。当时前线形势一片大好，但是李严运输粮草的时候却出现失误，粮草难以为继。李严非常担心。这个问题说大不大，说小不小。万一诸葛亮想要利用这个机会除掉我，那我怎么办？李严头脑一热，派人骗诸葛亮，说粮食运输困难，陛下希望你赶紧撤兵。

手下人走了以后，李严想想不对，皇上那边也得糊弄一下。又派人给皇上解释，说诸葛丞相其实不是真撤退，是假撤退，想要诱敌深入。

诸葛亮接到消息，觉得既然是皇上的意思，那就撤吧。于是，就回来了。

诸葛亮离汉中越来越近，李严慌了。他想：我撒了两个弥天大谎，万一谎话戳穿，怎么办呢？要不我赶紧开溜，跑回江州得了。实在不行，我还能举兵造反。就带了手下，想要逃跑。跑到半道上，手下人劝他说，您这样一跑，不是此地无银三百两吗？何况您能跑到哪儿去呀？就算回到江州，就您那点兵力，能打得过诸葛亮吗？李严想想也是，又返回了汉中。这个时候，李严想，我干脆弃卒保帅，把罪名推到粮草官身上得了，于是把粮草官给杀了。

李严犹豫不定之际，诸葛亮回来了。李严实在没辙，只好假装大吃一惊，说粮食还很充足啊，您怎么就回来了？

在这种情况下，诸葛亮开启司法程序。他拿出了李严前后写的两封信，做了笔迹鉴定，都是李严本人写的。诸葛亮又把李严的部下找来询问，得知李严逃跑未遂、栽赃嫁祸未遂。诸葛亮这才把李严叫来，在文武百官面前质询李严，让李严自我辩护。人证物证俱在，李严理屈词穷，只好低头认罪。诸葛亮和百官联名上书，弹劾李严。最后，以“诬罔”罪，也就是欺君罔上的罪名，革除李严的一切官职，发配边郡。

《三国志》评价诸葛亮，说他“开诚心，布公道”。诸葛亮处理李严案，也是开诚布公，完全走司法程序，整个过程公开透明，公事公办，不掺杂自己的一点儿私心杂念。

李严被废以后，诸葛亮又专门安慰李严的儿子李丰：你父亲虽然做了错事，但是你不要有思想负担。你现在仍然是朝廷命官，一定要以你父亲为戒，努力工作，报效国家。那你们李家仍然可以渡过难关，重新振作。

征服政敌，也带走了政敌的心

有人可能觉得，诸葛亮处理李严的案件，平淡无奇，没有什么过人之处。那我们来做一个对比，看看司马懿是怎么对付他的政敌的。

魏明帝曹叡临死之前，也学刘备，找了两个大臣来托孤。一个是司马懿，另一个是曹爽。魏明帝死了以后，曹爽和司马懿也变成了政敌，互相敌对。曹爽利用自己宗室的身份、年轻的优势，在朝廷里面一步一步把司马懿给架空了。

司马懿怎么办的呢？他假装身体不好，请假回家，每天闭门不出。曹爽担心：这司马懿是装病呢，还是真病呢？就派人来看望司马懿，打探情况。

司马懿得知曹爽派人来探望，心中明白此人探病是假，探刺敌情是真。于是司马懿当着来人的面，假装老年痴呆，丫鬟给他喂粥喝，司马懿喝了一口就顺着嘴角往下流，搞得浑身都是。来人回去报告，说司马懿就比死人多口气了。曹爽这才放下心来，不再提防司马懿。

正月里，曹爽带着小皇帝出去扫墓，远离京城。司马懿趁机发动政变，把曹爽一伙全给俘虏了，把皇帝抢到了自己的手里。接下来，司马懿也启动司法程序，把曹爽一伙八个人，全部满门抄斩，一个活口不留。

司马懿对付曹爽，玩阴谋诡计，事前装疯卖傻、坑蒙拐骗，事后大开杀戒、斩草除根。事情虽然办成了，手段却不光明磊落，为后世留下了骂名。

诸葛亮对待李严，自己立身以正，事前尽最大努力化敌为友，事后开诚布公、依法办事，成功地把一起流血政变，转变成一个司法案件，最后只有李严一个人被罢免官职，没有死一个人，没有流一滴血。

两相对比，不难感受到诸葛亮的高明之处。

李严被废以后，发配边郡，仍然保留了做官时的生活待遇。他的儿子李丰，后来也官至太守。公元234年，诸葛亮病逝。李严知道，除了诸葛亮以外，不会再有第二个人有这样大的度量，可以起用自己这个废人了。所以，李严也一病不起，郁郁而终。

诸葛亮不仅彻底征服了自己的政敌，而且带走了政敌的心。

李严大案以后，蜀汉政权终于实现了空前的团结。诸葛亮经过三年时间的休养生息，凝聚起最后的力量，率领大军北伐曹魏。这是诸葛亮的第五次北伐，也是他人生中最后一次北伐。为了解决老大难的粮食问题，诸葛亮一方面起用了运粮利器木牛流马，另一方面，在曹魏境内的五丈原屯田耕作，打算和司马懿打一场持久战。

但是，历史留给诸葛亮的时间，只剩下一百天了。诸葛亮在生命的最后一百天，做了哪些事情呢？诸葛亮的生前身后，给我们后人留下了怎样的启迪呢？

第十八章　星落秋风五丈原

丞相祠堂何处寻，锦官城外柏森森。
映阶碧草自春色，隔叶黄鹂空好音。
三顾频烦天下计，两朝开济老臣心。
出师未捷身先死，长使英雄泪满襟。

——〔唐〕杜甫《蜀相》

诸葛亮的眼泪为谁而流？

在今天陕西岐山蔡家坡，有一个黄土台原叫五丈原。站在五丈原上举目东望，风尘的尽头，是西安。

今天，从蔡家坡坐火车到西安，只要一个小时。一千七百八十年前，诸葛亮也曾经站在这里，举目东望。从五丈原到长安的这一段不算长的路，成了他终此一生也没能逾越的鸿沟。

李严大案以后，诸葛亮最后一次出兵北伐，驻扎在五丈原。从这时候算起，诸葛亮的生命进入了一百天倒计时。诸葛亮也意识到了自己的健康情况不容乐观，所以他多次挑战司马懿，想要决一死战。

《晋书·宣帝纪》记载，诸葛亮有一次派了个使者到司马懿营中，说我们家丞相给您送了个快递，麻烦您签收一下。司马懿打开快递一看，里面是一件女人的衣服。

司马懿问："是不是送错了，把别人家的包裹送我这儿来了？"

使者说："没错，就是送给你的。我们家丞相说了，你不敢出来打仗，不像大老爷们儿，扭扭捏捏像姑娘。"

曹魏的将士一听，勃然大怒群情激奋，一起看司马懿：这你都能忍？

反正换我们，我们是忍不了。

司马懿厚着脸皮不动声色，跟使者聊家常。他问：“诸葛公起居何如？”你们家丞相睡眠怎么样？

使者自豪地说：“我们家丞相，每天起得比鸡还早，睡得比猫头鹰还晚，经常成宿成宿地熬夜，研究怎么打败你。”

司马懿又问：“食可几米？”每天吃多少饭？

使者说：“吃得特别少，每顿就扒拉一小碗饭。”

司马懿又问：“那工作忙吗？”

使者说：“日理万机，一个小案子，打二十大板，我们家丞相都要亲自过问，您说忙不忙？”

使者走了以后，司马懿拍手大笑：“诸葛亮吃得这么少，事情这么多，还能活得久吗？他的死期不远了，我们等着吧！”

以上的这段对话引起了一些人抨击诸葛亮事必躬亲，不肯信任旁人，把全部事务大包大揽，结果把自己给累死了。关于这点批评意见，我们不妨先看一则小故事。

《三国志》注引《襄阳记》记载，诸葛亮有个秘书长叫杨颙。有一天，杨颙看到诸葛亮在亲自校对行政文书，就当场提出批评意见。他说：“治理国家，有一定之体，下属不能抢上级的活儿，上级也不应该揽下属的活儿。我打个比方，好比说一户人家，奴隶种地、婢女做饭、公鸡报晓、小狗看家、老牛耕田、骏马运货，主人只需吃吃饭、睡睡觉，高枕无忧。如果主人偏要干下人的活儿，一来累死，二来秩序紊乱，反而干不好。您是堂堂丞相，居然亲自校对文书，整日汗流浃背，岂不是太辛劳了吗？”诸葛亮听了，非常动容，立刻放下文书，向杨颙认错道谢。后来杨颙病死，“亮垂泣三日”，诸葛亮大哭三天。

各位，读史至此，要格外注意。诸葛亮是一个感情比较内敛的人，即便白帝城托孤，也不过是当场“涕泣”而已；即便挥泪斩马谡，也不过是事后“流涕”而已。他为什么会为一个秘书长如此失态，“垂泣三日”呢？

其实，杨颙说的道理，诸葛亮岂会不懂？诸葛亮年轻的时候，读书就知道“观其大略”；诸葛亮写《诫子书》，也懂得“宁静致远”，岂会不知道清静无为的道理？既然如此，诸葛亮为什么还要事必躬亲？为什么要亲自校对文书？为什么要杖二十以上的刑罚都亲自过问呢？

因为诸葛亮自感身边确实无人可用、无人可信。天下十三州部，蜀汉仅占一个益州。当年刘备入川时，带来的英才俊杰，此时都已凋零殆尽。诸葛亮培养马谡，马谡却辜负培养，错失街亭；诸葛亮信任李严，李严却辜负信任，自取灭亡。试问，诸葛亮还能任用谁？还敢信任谁？

诸葛亮明知杨颙说得有道理，却仍然不得不事必躬亲，这是诸葛亮的悲剧，也是蜀汉的悲哀。所以杨颙死后，诸葛亮垂泣三日。他并不是在哭杨颙，而是在哭自己。刘备死后，诸葛亮长期超负荷工作，长期压抑自己，这时候终于得到一个机会，难得释放自己的泪水。所以明末王夫之在《读通鉴论》中一句话点明：“公之泣杨颙也，盖自悼也。”

难得的释放过后，诸葛亮又马不停蹄地投入繁重琐碎的事务之中，以超人的精力工作着。

诸葛亮的最后时刻

时间很快就到了公元234年的八月，魏蜀两军一直从春天相持到了秋天。陇上的秋天格外多风，十万蜀军在五丈原上风餐露宿，铁打的壮小伙儿身体都吃不消了，更何况是这位忧劳多事、夙兴夜寐的老人？蜀汉的顶梁柱诸葛亮瘦弱的身躯再也难以扛住繁重的军务，倒下了。

诸葛亮临死之前的情况，史书没有太多的描写。小说《三国演义》安排的一段情节，感人至深——诸葛亮强撑病体，在左右的协助之下，最后一次巡行军营。左右侍卫扶着丞相，他们第一次发现，寄托着全国百万军民无比信任的诸葛丞相，竟然是这样一位瘦弱的老人，甚至只要轻轻一用力就可以把他提起来。侍卫的眼睛湿润了。自从先帝驾崩以后，诸葛丞相实在背负得太多了。

诸葛亮巡行军营，看着在风中兀自飘荡的“克复中原”的大旗，心中无限惆怅。木牛流马、诸葛连弩、云梯冲车、百尺井阑，这些熟悉的攻战之具，再不为我所用矣！满营战士望着诸葛丞相。限于铁的纪律，他们不能擅离岗位，只能这样转动着眼球，尽量让丞相在自己的视野里留滞得久一点。谁也不敢想象，这位寄托着十万蜀军军心的老人一旦归天，会是怎样的结果。谁也不敢想象，有朝一日这支军队不再姓诸葛，还能否保持今天的战斗力，能否继续今天的光荣与梦想。

诸葛亮巡行了小半个军营，已经体力难支。秋风袭来，彻骨生寒。诸葛亮仰天长叹：“亮再不能临阵讨贼矣！悠悠苍天，何薄于我？”

一阵阵轻微而雄浑的啜泣，升腾在蜀军大营的上空，与五丈原上的秋风暮色交织成一片，引动天地山川为之心感神伤。

公元234年八月，诸葛亮病逝军中，享年五十四岁。

《三国志》注引《汉晋春秋》记载，诸葛亮死后，蜀汉军队按照诸葛亮生前的安排，有条不紊地撤退。司马懿得到消息，估计诸葛亮已经死了，就率领大军前来追击。蜀军突然之间调转马头，擂鼓呐喊，朝着司马懿冲杀过来。司马懿大吃一惊：难道诸葛亮没死，我又中了他的计？于是回马就跑。蜀军也不追赶，退回蜀汉境内，这才举哀发丧，哭声震天。司马懿这才知道，诸葛亮真的已经死了。当地老百姓嘲笑司马懿，编了个谚语叫“死诸葛吓走生仲达”，司马懿字仲达，谚语的意思是，死了的诸葛亮都能吓跑活着的司马懿。

司马懿来到五丈原上，巡行查看诸葛亮留下的营垒，揣摩体会蜀汉军队的列阵方式，一声长叹：“天下奇才也！”诸葛亮的才华和人品，赢得了对手的尊重与致敬。

蜀军撤退以后，按照诸葛亮的遗嘱，把他安葬在汉中定军山。汉中是蜀汉对魏作战的桥头堡。诸葛亮以这样一种方式，在死后继续守护蜀汉的国土。诸葛亮的墓穴很小，只能放下一口棺材，没有任何陪葬品。诸葛亮生前对刘禅说过：“若臣死之日，不使内有余帛，外有赢财，以负陛下。”我死之后，家中绝不会有多余的财物，以辜负陛下的信任。

这句话，诸葛亮说到做到了。

两种人生，成败异势

关于诸葛亮的生平，我们就说到这里。那么诸葛亮的一生，能给我们留下哪些启迪呢？我们讲历史，不要空口说白话。笔者给您做一个对比，请您自己来体会。

笔者要对比的两个人，就是诸葛亮和司马懿。

诸葛亮五十四岁的时候，出师未捷身先死，马革裹尸而还，北伐中原的梦想失败了。司马懿呢？司马懿活了七十三岁，享尽了荣华富贵。不仅如此，司马懿还通过政变，把曹魏的江山社稷，变成了司马氏的囊中之物。他把自己的两个儿子司马师、司马昭安排在关键位置，为子孙后世改朝换代铺好了道路。

司马懿死了以后，他的儿子司马昭把持朝政，派遣名将钟会、邓艾讨伐蜀汉。蜀汉方面，派诸葛亮的儿子诸葛瞻、孙子诸葛尚领兵抵抗。邓艾非常佩服诸葛亮的为人，专门派使者给诸葛瞻带了个口信，说你们蜀汉肯定是完蛋了，你犯不着陪葬。要不这样，你投降，我们封你为琅琊王。琅琊是诸葛亮的故乡，所以邓艾承诺封诸葛瞻为琅琊王。诸葛瞻斩杀使者以表决心，临阵战死，年仅三十七岁。诸葛瞻的儿子诸葛尚，当时可能还不到二十岁，长叹一声："我祖孙三代，世受国恩，怎能独自苟活呢？"于是独自杀进曹魏军中，英勇战死。

公元263年，诸葛亮死后二十九年，蜀汉灭亡。

司马懿的孙子司马炎正式称帝，建立晋朝，统一全国。当时诸葛瞻的次子，也就是诸葛亮的孙子诸葛京流落民间。有蜀汉的老臣看他可怜，恳求司马炎给诸葛京一个官做。司马炎就召诸葛京进京面试，面试通过以后，任命他为郿县县令。今天诸葛亮的直系后裔，都是诸葛京这一脉的子孙后代。

诸葛亮一生践行道义、鞠躬尽瘁死而后已，最后他本人病死军中，他的儿孙战死沙场、满门忠烈。

反观司马懿，一辈子使用阴谋诡计，最后却长寿富贵，儿子称王、孙子称帝。到头来，诸葛亮的孙子，还要找司马懿的孙子要官做。

这两个人，你觉得谁算成功、谁算失败呢？

这两种人生，你觉得哪一种更可取呢？

拉长时间轴，超越成败

说到这里，可能大家已经感到悲观了：诸葛亮一生光明磊落，为什么却没有好报？不要着急，我们把时间轴拉长，再来重新观察一下。

先看诸葛亮的情况。

诸葛亮刚刚去世，蜀汉的老百姓就自发组织祭祀，集体上书请愿建立武侯祠。后主刘禅批准，在陕西勉县定军山下，也就是诸葛亮坟墓所在地，建立了历史上第一座武侯祠。

诸葛亮的儿子诸葛瞻在朝为官，每当朝廷出台好的政策，不管是不是诸葛瞻的主意，老百姓都归功于诸葛瞻，说："一定是诸葛亮的儿子为我们老百姓办的好事吧！"

后来曹魏消灭蜀汉的时候，魏军统帅钟会经过汉中的武侯祠，亲自下马跪拜祭祀，而且严令禁止魏军将士破坏武侯祠，严令禁止魏军将士砍伐武侯祠周边的花草树木。一个人死了几十年之后，他的恩泽不仅能够延及那片土地上的人，还能够延及他身边的花草树木，这是一种何其强大的人格魅力在起作用!

晋武帝司马炎登基以后，命令《三国志》的作者陈寿："你去搜集整理诸葛亮的著作，朕要读。"陈寿编成了一整套的《诸葛亮集》，呈献给皇上。司马炎读完以后，一声长叹："我要是有诸葛亮这样的臣子，那我做皇帝得多轻松啊！"

东晋时期，有个镇南将军刘弘慕名来到襄阳隆中，修复诸葛亮的故居，撰文祭祀、立碑凭吊。《三国志》注引《袁子》记载："亮死至今数十年，国人歌思。"诸葛亮死后一直到晋朝，几十年过去了，当地老百姓还在唱歌纪念他。甚至像本书开头那位百岁小吏所说："诸葛亮死后到现在，一百多年过去了，我还没有见过有谁能够比得上他。"

再看司马氏的情况。

司马氏建立的西晋，是个短命王朝，一共只有四个皇帝。第一个皇帝是晋武帝司马炎，第二个皇帝就是历史上著名的白痴皇帝——晋惠帝。晋惠帝在位期间，司马氏的几个同宗叔伯兄弟互相残杀，血流成河，就是历史上臭名昭著的"八王之乱"。最后，晋惠帝本人也被他的一个堂兄弟给毒死了。

西晋的第三个皇帝是晋怀帝。"五胡乱华"的时候，匈奴人打过来把晋怀帝给俘虏了。不但俘虏，还要羞辱他。匈奴首领故意让晋怀帝穿着奴婢的衣服，跪拜在地上，当着晋朝大臣的面在酒席上倒酒。晋朝大臣一看，我们的皇帝竟然受到这样的屈辱，"嗷"的一声就哭了。匈奴人一看，居然还有人为你哭？说明你还很得人心啊，不能留！就把晋怀帝给毒死了。

第四个皇帝，也就是西晋最后一个皇帝晋愍帝，也被匈奴人俘虏，匈奴人又让他穿着奴婢的衣服，跪在地上，当着晋朝大臣的面在酒席上倒酒。晋朝大臣这次忍住了，没敢哭。匈奴的首领喝酒喝到一半，站起身来上厕所，让晋愍帝给他揭马桶盖。晋朝大臣这一次实在没忍住，"嗷"的一声又哭了。匈奴人一看：你还敢哭？你忘了你们上一个皇帝是怎么死的了吧？就把晋愍帝也给毒死了。

司马懿的一个后代跑到南京，建立东晋，只有半壁江山。东晋的一个小皇帝晋明帝，听说自己的祖先司马懿、司马昭是怎么用阴谋诡计得的天下后，羞愧得无地自容，恨不得找个地缝钻进去。他用被子蒙住自己的脸，羞惭地说："我们的祖上得天下如此不光彩，那我们晋朝的国祚还怎么长得了呢？"可见他还有自知之明。

东晋的倒数第二个皇帝叫晋安帝，被权臣刘裕逼迫，最后被刘裕给勒死了。东晋的末代皇帝叫晋恭帝，被刘裕篡了位。刘裕篡位以后，派人递给晋恭帝一杯毒酒，让他饮鸩自尽。晋恭帝心存一线侥幸，说："我是一个信佛的人，佛教教义说人不能自杀，否则死后永世不得超生。"杀手也爽快，得，您不自杀，那还得劳驾我动手。就用被子把晋恭帝给闷死了。

从此以后，司马家族灰飞烟灭。到今天，谁是司马懿的后代，没人知道。司马懿的故居，没有保存。司马懿的坟墓，找都找不着。

反观诸葛亮。

从晋朝开始，历朝历代都在修葺诸葛亮的故居和坟墓；从唐朝开始，历朝历代都在武庙供奉诸葛亮的灵位。

纪念诸葛亮的武侯祠越建越多，有关诸葛亮的旅游景点不计其数；山东临沂、湖北襄阳、河南南阳、陕西汉中，都在举办诸葛亮文化节；襄阳和南阳自从元朝以来就在争夺诸葛亮躬耕地，至今相持不下，成为文化史上一道有趣的风景线。

诸葛亮的子孙后代繁衍昌盛，遍布全国，人人都以姓诸葛为荣，好像姓诸葛就透着一股智慧的味道，尤其是浙江兰溪诸葛八卦村，是诸葛亮后裔的聚居地，闻名天下。

相传由诸葛亮发明的馒头、诸葛菜、孔明灯、孔明锁，至今都留存在人们的日常生活之中。

诸葛亮的《隆中对》《出师表》《诫子书》，激励了一代又一代中国人。诸葛亮的名言“淡泊明志，宁静致远”“鞠躬尽瘁，死而后已”，至今都是许多人的座右铭。

诸葛亮的形象，通过小说、戏曲、影视、漫画、游戏的方式，被一代又一代人演绎。

在中国和日本的民间调查中，诸葛亮都是最受人们喜爱和崇拜的历史人物之一。

诸葛亮虽然只活了五十四岁，比司马懿要短命得多，但是他的生命力却通过另一种方式长命百岁、千秋万代，绵延至今。

所以，从另一种维度来观察，诸葛亮生前践行道义，死后流芳百世；司马懿生前步步皆赢，死后满盘皆输。两种人生，你认可哪一种呢？你又愿意选择哪一种呢？希望各位能够从历史中得到启迪，做出你自己的选择。

我们从百岁小吏之问开始，讲了诸葛亮的修身之道、出处之道、为官之道、君臣之道、立国之道、法治之道、用兵之道，那么诸葛亮之道的“道”究竟是什么呢？

我们这里说的“道”，不是“道可道，非常道”这样玄之又玄的东西。用通俗的话来讲，所谓道，就是能够被历史传递的正能量。

春秋战国时代，礼崩乐坏，弱肉强食，只有管仲、乐毅，愿意匡扶正义、反抗强暴，所以春秋战国的时代虽然混乱，但总还不至于一片漆黑，是有着走向光明的希望。

汉末三国，充斥着权谋和暴力，只有诸葛亮能够延续管仲、乐毅传递下来的正能量，以他们为楷模，自比于管、乐，并且把这样一种正能量在自己的身上发挥到极致，进一步往下延续。所以汉末三国的历史虽然越来越糟糕、越来越混乱，发展出了魏晋南北朝这样的大分裂时代，但也还不至于一片漆黑，而总有着走向光明的希望。

正如历史学家钱穆先生所云："有一诸葛，已可使三国照耀后世。"诸葛亮之道，点点滴滴往下延续，每当历史的暗夜，总能够照亮人心，激发有志气的人不计利害、不计成败、践行道义，虽九死其犹未悔。

这就是历史的希望，也是诸葛亮之道的价值所在。

附录　诸葛亮年表

时间	年龄	事迹
汉灵帝光和四年 181 年	1 岁	诸葛亮出生于琅琊国阳都县。父诸葛珪，兄诸葛瑾。
光和五年至六年 182—183 年	2～3 岁	弟诸葛均出生，母章氏去世。
中平元年 184 年	4 岁	二月，黄巾起义爆发，曹操、刘备等英雄崭露头角。
中平五年 188 年	8 岁	父诸葛珪去世。叔父诸葛玄照顾诸葛亮兄弟。
汉献帝初平四年 193 年	13 岁	秋，曹操攻打徐州为父复仇，屠杀百姓。
兴平元年 194 年	14 岁	夏，曹操再次攻打徐州，刘备抵抗。战火波及琅琊，诸葛玄携诸葛亮姐弟四人辗转投靠荆州牧刘表，兄诸葛瑾留守故乡。
建安二年 197 年	17 岁	叔诸葛玄死，诸葛亮移居隆中耕读。
建安三年至十一年 198—206 年	18～26 岁	诸葛亮隐居隆中，与司马徽、庞德公等师长，崔州平、孟公威、石广元、徐庶等友人交往，并娶黄承彦之女为妻。在此期间，诸葛瑾仕吴。
建安十二年 207 年	27 岁	刘备三顾茅庐，诸葛亮献上“隆中对”，提出三分天下的战略。

续表

时间	年龄	事迹
建安十三年 208 年	28 岁	诸葛亮劝刘琦出避江夏。六月，曹操南下，刘表病死，刘琮降曹。十月，诸葛亮出使江东，说服孙权联刘抗曹。十二月，孙刘联盟在赤壁之战中大败曹操。刘备占领荆南四郡，诸葛亮任军师中郎将，总理三郡事务。
建安十六年 211 年	31 岁	刘备受刘璋之邀，携庞统入蜀，进驻葭萌关。诸葛亮与关羽等留守荆州。
建安十七年 至十八年 212—213 年	32～33 岁	刘备与刘璋开战。
建安十九年 214 年	34 岁	庞统战死。诸葛亮与张飞、赵云入蜀，包围成都。秋，刘璋出降。诸葛亮任军师将军。
建安二十至 二十一年 215—216 年	35～36 岁	诸葛亮着力调和政权内部的主客矛盾。
建安二十二 至二十三年 217—218 年	37～38 岁	刘备与曹操争夺汉中，诸葛亮留守成都，足食足兵。
建安二十四年 219 年	39 岁	五月，刘备占领汉中。七月，诸葛亮率群臣拥立刘备为汉中王。诸葛亮与伊籍、法正、刘巴、李严共同制定蜀汉法典《蜀科》。八月，关羽北伐，威震华夏。十二月，关羽败亡，荆州落入敌手。
建安二十五年 220 年	40 岁	正月，曹操死。曹丕废汉称帝。诸葛亮劝刘备赐死关羽之死的责任人刘封，以避免继嗣问题。

续表

时间	年龄	事迹
蜀汉昭烈帝章武元年221年	41岁	四月，刘备称帝，诸葛亮任丞相。七月，刘备出兵伐吴，诸葛亮留守成都。
章武二年222年	42岁	五月，夷陵之战，刘备惨败，逃归永安白帝城。
蜀汉后主建兴元年223年	43岁	四月，刘备托孤诸葛亮、李严，病死。五月，刘禅即位，封诸葛亮为武乡侯。夏，南中叛乱。十月，诸葛亮遣使与吴国修好。
建兴二年224年	44岁	诸葛亮休养生息、整顿吏治，弹劾廖立。
建兴三年225年	45岁	三月，诸葛亮南征平叛。十二月，返成都。
建兴四年226年	46岁	诸葛亮治军讲武，准备北伐。
建兴五年227年	47岁	子诸葛瞻出生。三月，诸葛亮上《出师表》，率师北驻汉中。
建兴六年228年	48岁	诸葛亮策反魏将孟达。正月，司马懿袭杀孟达。春，诸葛亮第一次北伐，三郡叛魏响应。马谡失街亭，诸葛亮退还，挥泪斩马谡，自贬三级。十二月，诸葛亮第二次北伐，诱斩魏将王双，粮尽退兵。主簿杨颙去世，诸葛亮垂泣三日。
建兴七年229年	49岁	春，诸葛亮第三次北伐，占武都、阴平二郡，恢复丞相职位。四月，孙权称帝，诸葛亮遣使庆贺。
建兴八年230年	50岁	六月，曹真、司马懿伐蜀，诸葛亮防守，借机调李严到汉中。魏军不利而退。

续表

时间	年龄	事迹
建兴九年 231 年	51 岁	二月，诸葛亮第四次北伐，以木牛运军粮。五月，卤城之战，大破魏军。六月，粮尽退兵，射杀魏将张郃。八月，弹劾李严，贬李严为平民。
建兴十年 232 年	52 岁	诸葛亮劝农休士，制作木牛流马等。
建兴十一年 233 年	53 岁	诸葛亮以木牛流马运粮至斜谷，准备北伐。
建兴十二年 234 年	54 岁	二月，诸葛亮第五次北伐，驻军五丈原，屯田准备持久战。司马懿坚守不出，相持百余日。八月，诸葛亮忧劳成疾，病逝军中。

初版后记

关于三国，我已写了三本书。《老谋子司马懿》写权谋，《黑白曹操》写人性。这本书，我想谈谈历史的义理，也就是所谓的“道”。

“道”，在中国古代思想史上，是一个非常复杂、非常玄乎的概念，但在我这里没有那么玄。《说文解字》说：“道，所行道也。”道，就是人走的路。历史上每一个人，都走过路。有人走阳关大道，有人则独辟蹊径；有人的足印深重，其迹至今斑斑可辨；有人则无足轻重，早已经湮没于黄尘古道。

诸葛亮之道，就是诸葛亮走过的路。说起来简单，但是探寻诸葛亮走过的路，却很有一些困难。

丞相足迹何处寻？一如今日国内的历史文化旅游景点，游客蚁聚拍照留念的往往是后来粉饰缘附的假古董，而真正的历史遗迹却僻在荒野，无人问津。诸葛亮这个现象级的历史人物，也是说其事者多，知其真者少。这是没有办法的事情，《三国演义》太过成功，其周边如戏曲、评书、影视、游戏，影响着一代代人对诸葛亮的认知，即便历史学者也难以免俗。在自媒体时代，更是每一个三国迷都可以将一切理想因素投射入历史，轻易构建心目中的诸葛亮形象。

三国文化欣欣向荣，这是好事，但是在史学上探索诸葛亮之道，却不得不祭出考据的利器，“恶竹应须斩万竿”，尽量剃去多余的干扰，还原诸葛亮的“宗臣遗像”。在这方面，前辈史学家已经开辟草莱，做了不少导夫先路的工作。我的职责是检验他们开辟的诸条先路，比较出孰优孰劣，凝练出一条特色旅行路线，以自赏玩，以飨诸君。

纸面考据，只是最初步的工作。读中国书、悟中国道，最有趣的地方在于不能仅靠皓首穷经的考证、玄之又玄的思辨，要诀在“躬行”二字。譬如一部《论语》，泛泛读去，只记住几句语重心长的格言，完全比不上西方哲学著作的体大思精。但是，当你“躬行”了《论语》的第一重境界，这本书就会给你开放出它的第二重境界、第三重境界，“人之愈深，其进愈难，而其见愈奇”。寻访诸葛亮之道，亦是如此。诸葛亮走过的路，你看过导游手册，读过别人的攻略，也可以说得头头是道，仿佛亲历。但这不过是“矮子看戏，随人叫好”而已，道理并不曾从自己身上熨帖出来。

比如诸葛亮深居隆中十年之久，一直等到刘备三顾茅庐，才肯出山相助。他到底在想什么？这其中的心曲，考据无能为力，所以往往流于瞎猜。有人说诸葛亮是在沽名钓誉，有人说诸葛亮是在自抬身价，有人说诸葛亮是在坐观成败、投机取巧。从史学考据上来讲，无对错可言；但是从历史的义理来看，这些说法都不过如雁渡寒潭、自见其影罢了。我在二十岁前，绝无能力判断这些说法的高下，也跟着瞎起哄。既过而立，自己履及同样的人生之路，才能寂然凝虑、思接千载，遥想诸葛亮出处之际的心境于万一。这部书稿特详于诸葛亮三十岁之前的经历，与此有关。一篇《诸葛亮传》，我只读懂了一半，诸葛亮三十岁之后的道路，还没有完全向我开放。等我活到六十岁的时候，再写一部关于诸葛亮的书，一定面目迥异。好在本书并非嚼饭喂人，而愿授人以渔。我把这点读史体会贡献出来，读者诸君当可深造自得。

诸葛亮是不世出的一代完人，诸葛亮之道亦如空谷足音，不是我这样资质平庸之人所能跂及梦见。但中国史上几位最顶尖的人物，有如耸入云霄的奇峰，虽然山下人不能望见绝顶，他们彼此之间却能同气相求。所以我在书中常常引用中国文化的经典，尤其是孔孟之道，作为衡尺，来窥测诸葛亮的短长。历史之“道”，并非先天地生的自在实体，而是历史人物一步一个脚印踏出来的平实道路。历史上最顶尖的人物脚印丛集之处，就是中国文化最精粹的部分，这就是中国历史的康庄大“道”。我衡量的结果是，诸葛亮之道与这部分相合之处极多。这不是巧合，而是诸葛亮学步的结果。

本书写作期间，小女秦空降临人世。几个月后，她也将蹒跚着学步。当她迈出小脚，涉足人间世，我真希望她那小小的足迹能够依凭坚实的古之道，一步步走出属于自己的未来。

秦 涛

2017年5月3日于五斗斋

修订附记

此书是2015年写成的《法律讲堂》讲稿，2016年节目首播，2017年修订成书。当时我曾在“后记”中放出狂言：“一篇《诸葛亮传》，我只读懂了一半，诸葛亮三十岁之后的道路，还没有完全向我开放。等我活到六十岁的时候，再写一部有关诸葛亮的书，一定面目迥异。”

如今我已年近四十，不仅所走的道路迥异于诸葛亮，在寻章摘句、务于精熟、小人之儒的道路上越行越远，渐有避世的趋向；且人到中年，不仅毫无“四十不惑”“四十不动心”的坚毅，反而困惑丛生，心旌摇动。如果现在再让我写一部有关诸葛亮的书，大约难有当仁不让的意气风发，而更添价值的困惑与琐事的丛杂吧？

翻一翻诸葛亮的年谱，他四十岁时如何呢？

三十九岁，关羽败亡，经营了十余年的“隆中对”毁于一旦；

四十岁，曹丕称帝，面临的敌人越发强大；

四十一岁，刘备称帝，诸葛亮担任丞相。

在建国称帝的大典之上，念着规定的官样文章，行着规定的典礼仪法，望着那个身着龙袍、身形臃肿、年过六十却还在舞台上卖力表演的老男人，我遥揣诸葛亮的心中所想。

他还会为“髀里肉生”流下英雄泪吗?

他还会公然唾弃“求田问舍”的鄙琐小人吗?

他还会揪住上司的头发，怒鞭二百杖，挂印辞职而去吗?

他还会一遍遍猥自枉屈、驾临我的茅庐，拜访一个无名的狂生吗?

当年一齐观书苦读的徐庶、崔州平，你们在曹魏过得还好吗?你们过上想要的生活了吗?当年我们目无余子、互相吹捧，仿佛整个天下都是我们的。如今站在严整的官僚队伍之中，发现自己不再是世界的中心，你们找到合适的位置了吗?还是早已丢失了呢?

我呢?我还能回归田里、躬耕啸傲吗?

终于建国了，终于位极人臣了。我苦苦追求十余年的，就是这份成功吗?二十七岁的诸葛亮，会看不起现在的我吗?这份成功，就是我当年的初心吗?

当然不是!

不被自己的“成功”欺骗。世俗的成功，恰是我的失败!这份清醒比什么都强。这就是孔子说的“四十不惑”，这就是孟子说的“四十不动心”，这就是诸葛亮说的“志当存高远”:“若志不强毅，意不慷慨，徒碌碌滞于俗，默默束于情，永窜伏于凡庸，不免于下流矣!”(《诫外甥书》)

他决定重新出发。

这就是四十岁的诸葛亮的起点。我终于读到这里了，十年后见。

秦　涛
2021 年 12 月 25 日
键于渝北五斗斋

参考书目举要

本书除史料外，还参考了很多学界研究成果。限于体例，没有办法在正文中一一标明，谨在此举其大者。也希望阅读本书的读者，可以循此拾阶而上，进入真正的历史世界。

一、古籍类

【晋】陈寿撰，【宋】裴松之注：《三国志》，中华书局，1959年。

【宋】范晔撰：《后汉书》，中华书局，1965年。

【唐】房玄龄等撰：《晋书》，中华书局，1974年。

【宋】司马光撰，【元】胡三省音注：《资治通鉴》，中华书局，1956年。

以上四种是了解诸葛亮的基本史料。诸葛亮一生54年，有40年在东汉度过，可参看《后汉书》；三国后期的史事，《晋书》保存很多。《通鉴》虽然不提供新史料，但以编年的方式将汉末三国史事梳理得井井有条。

【清】张澍辑：《诸葛亮集》，中华书局，1974年。

该书辑录了诸葛亮传世的几乎所有言论、文章、著作。附录部分记录了前人对诸葛亮的评论、诸葛亮的传说等。

【晋】常璩撰，任乃强注：《华阳国志校补图注》，上海古籍出版社，2007年。

该书是上古至晋代的四川地方史志，特详于三国时代。尤其有关诸葛亮南征的记载，可补正史之阙。

余嘉锡撰：《世说新语笺疏》，中华书局，1983年。

周楞伽辑注：《殷芸小说》，上海古籍出版社，1984年。

以上两种记录了很多魏晋时期流传的关于诸葛亮的传闻故事。

【明】茅元仪辑：《武备志》，华世出版社，1984年。

该书保存了当时流传的诸葛亮阵法、器械的图样。

【明】罗贯中撰：《三国演义》，人民文学出版社，1993年。

今人对诸葛亮的了解，已不可能脱离《三国演义》的影响。

【明】王夫之：《读通鉴论》，中华书局，1975年。

王夫之对诸葛亮的理解与评价，穿透史料，直入内心，对本书产生了深刻影响。

【清】恩联修，王万芳纂：《襄阳府志》，成文出版社影印光绪十一年刊本，1976年。

本书对诸葛亮在襄阳的生活描述特详，有关地理位置、掌故传闻，多得益于此。

二、传记类

章映阁：《诸葛亮新传》，上海人民出版社，1984年。

余明侠：《诸葛亮评传》，南京大学出版社，1996年。

柳春藩：《诸葛亮评传》，中国青年出版社，1997年。

朱大渭、梁满仓：《武侯春秋》，团结出版社，1998年。

以上是四种由学者撰写的诸葛亮传记，其中余明侠本考证较全面细致，朱大渭本感情充沛、描写细腻，可读性最强。

【日】内藤湖南著，崔金英、李哲译：《诸葛亮》，东方出版社，2014年。

【日】林田慎之助著，李天送译：《诸葛亮》，三秦出版社，1989年。

以上是二种日本学者撰写的诸葛亮传记，其中内藤湖南本仅写到刘备称帝，但对诸葛亮的心曲探究深微。

张作耀：《曹操传》，人民出版社，2001年。

张作耀：《刘备传》，人民出版社，2004年。

诸葛亮一生最重要的人物是曹操、刘备、司马懿。这是由学者撰写的较好的曹操、刘备传记。

三、通俗读物类

禚梦庵：《三国人物论集》《三国人物论续集》，台北商务印书馆，1975年。

禚梦庵先生评论三国人物极精彩，处处可见历史的义理与思辨。

吕世浩：《秦始皇：穿越现实和历史的思辨之旅》，接力出版社，2015年。

吕世浩先生示范的读史方式，对我写作本书影响很大。

张元：《资治通鉴选读》，台湾"清华大学"公开课视频。

非常优秀的《通鉴》入门。我对诸葛亮哭杨颙的解读，就来自该课程的提示。

李开元：《秦崩》《楚亡》，三联书店，2015年。

李开元先生的两种书，示范了历史学者的旅行方式。

秦涛：《老谋子司马懿》，重庆出版社，2012年。

秦涛：《黑白曹操》，中国民主法制出版社，2013年。

本书的叙事接续《黑白曹操》，可以续集视之；与《老谋子司马懿》

相表里，可以姊妹篇视之。

四、学术研究类

方诗铭:《三国人物散论》，上海古籍出版社，2000年。

该书对前三国的人物讨论很详，我对刘备“枭雄”形象的解读，即渊源此处。

田余庆:《秦汉魏晋史探微》，中华书局，2011年。

该书关于三国历史的几篇，是百读不厌的史学名篇。我对刘备托孤的解读，就参考其中的《蜀史四题》。

饶胜文:《大汉帝国在巴蜀》，中国文史出版社，2016年。

该书是三国史研究必读的宏著。对历史的“道”，有比我更冷静克制、更错综复杂的呈现。

孙机:《魏晋时代的“啸”》,《文史知识》1983年第7期。

余大吉:《诸葛亮八阵图及阵法试探》,《中国史研究》1994年第3期。

宋杰:《马谡之死与三国的军法》,《襄樊学院学报》2001年7月。

我对诸葛亮“抱膝长啸”、八阵图、挥泪斩马谡的解读，着重参考以上三篇论文。孙机先生另有《诸葛亮用的是“羽扇”吗？》，对还原诸葛亮的形象也很有意义。

秦涛:《汉末三国“名法之治”源流考论》，西南政法大学2011年硕士论文。

秦涛:《蜀汉法制“郑义”发微》,《许昌学院学报》2014年第1期。

以上两篇论文，是我写作“依法治蜀”一章的学术支撑。

五、工具书类

谭其骧:《中国历史地图集》，中国地图出版社，1996年。

本书涉及汉末三国地名的具体位置及古今沿革，主要依据这套地图集的第二、第三册。

王瑞功主编:《诸葛亮研究集成》，齐鲁书社，1997年。

该书收集了三国至清代关于诸葛亮的几乎全部资料，为我的写作提供了莫大的便利。